Ma maison FENG SHUI

Armelle Vannier & Laurence Carroy

Le cahier pratique

FLEURUS
www.fleuruseditions.com

Sommaire

Introduction

Ce cahier pratique est conçu pour vous aider à observer votre habitat, vous permettre d'appliquer et de mémoriser les règles essentielles du feng shui, ainsi que pour vous accompagner dans la mise en œuvre de vos différents aménagements.
Nous vous recommandons de le remplir dans l'ordre qui vous est proposé, afin de compiler de manière logique tous les éléments nécessaires à l'analyse de votre maison.

Pour compléter ce cahier, vous pourrez ainsi vous aider des différents outils fournis avec ce kit.

1. **La « roue feng shui » :** elle vous permettra de déterminer rapidement, pour chaque pièce, le choix des couleurs en accord avec leur orientation dans votre maison. Vous pourrez également savoir si telle ou telle direction vous est personnellement favorable ou non.

2. **La grande feuille de papier millimétré :** vous y dessinerez votre plan et y annoterez, au fur et à mesure, l'avancée de votre analyse et les modifications effectuées dans votre intérieur.

3. **La planche de stickers :** ces derniers reprennent les couleurs de la « roue feng shui ». Vous pourrez les coller sur votre plan, afin de visualiser et de garder en mémoire les tons en adéquation avec l'orientation de chaque pièce. Par exemple, si votre entrée se situe dans le secteur est de votre maison, sa dominante colorée s'inscrira dans la gamme des verts.

Je calcule mon chiffre *gua*

Petit rappel de la règle

(pour plus de détails, reportez-vous au livre, page 42).

Additionnez les deux derniers chiffres de votre année de naissance de façon à obtenir un chiffre unique.

Puis :

Si vous êtes une femme : ajoutez 5 (ou 6 pour les personnes nées à partir de 2000) :

x + 5 (x + 6 à partir de l'an 2000)

Si vous êtes un homme, retranchez le chiffre obtenu du nombre 10 (ou de 9 pour les personnes nées à partir de 2000) :

10 – x (9 – x à partir de l'an 2000)

Je vérifie le résultat du calcul de mon chiffre *gua*

Reportez-vous au tableau récapitulatif du livre (page 45) pour vérifier le résultat de votre calcul.

À vous de calculer !

Si vous êtes une femme

Votre prénom

\+ = = + = + 5 (ou 6) = = + =

Les prénoms de vos filles

\+ = = + = + 5 (ou 6) = = + =

\+ = = + = + 5 (ou 6) = = + =

\+ = = + = + 5 (ou 6) = = + =

\+ = = + = + 5 (ou 6) = = + =

Si vous êtes un homme

Votre prénom

\+ = = + = 10 (ou 9) – = + =

Les prénoms de vos fils

\+ = = + = 10 (ou 9) – = + =

\+ = = + = 10 (ou 9) – = + =

\+ = = + = 10 (ou 9) – = + =

\+ = = + = 10 (ou 9) – = + =

Je reporte ma roue des orientations

Reportez dans les roues des orientations, les logos ci-dessous comme présenté dans le livre (page 50). Vous pouvez également vous munir d'un feutre vert (pour les orientations favorables) et d'un feutre rouge (pour les orientations défavorables).

Petit rappel

☼☼☼☼	réussite	☁	petits tracas
☼☼☼	santé	☁☁	problèmes
☼☼☼	amour	☁☁☁	violence
☼	harmonie	☁☁☁☁	échec

Moi

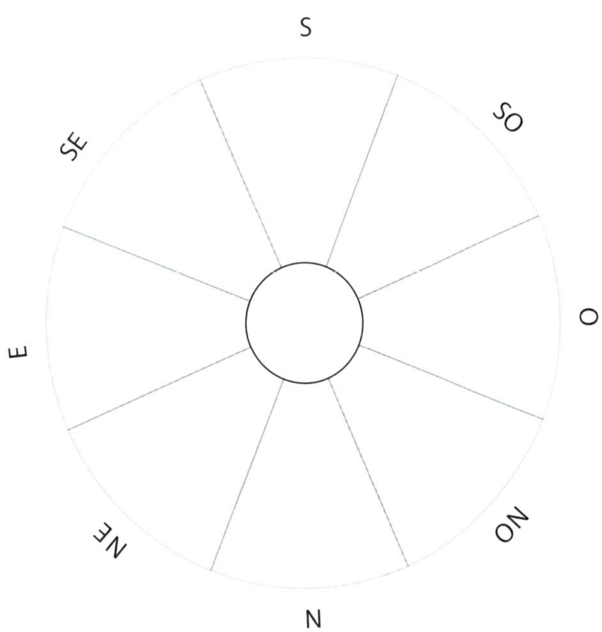

Mon/ma conjoint(e)

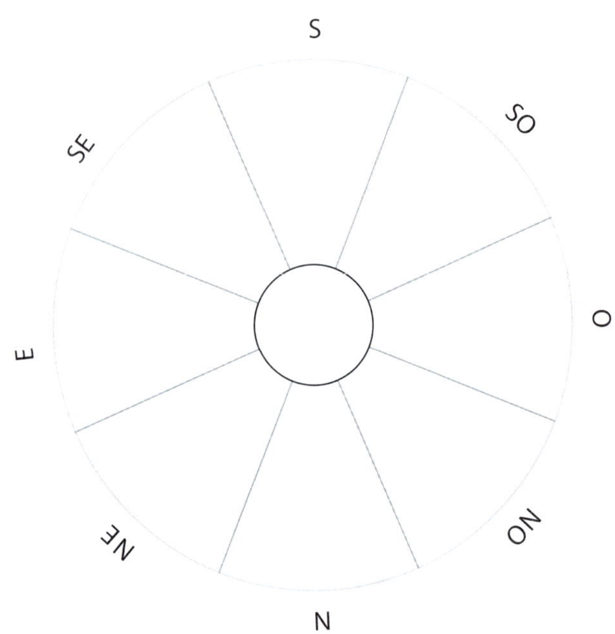

Les enfants

prénom :

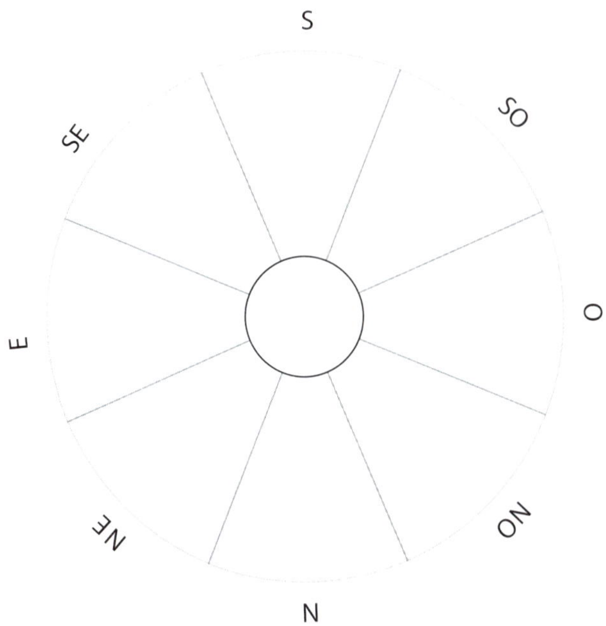

prénom :

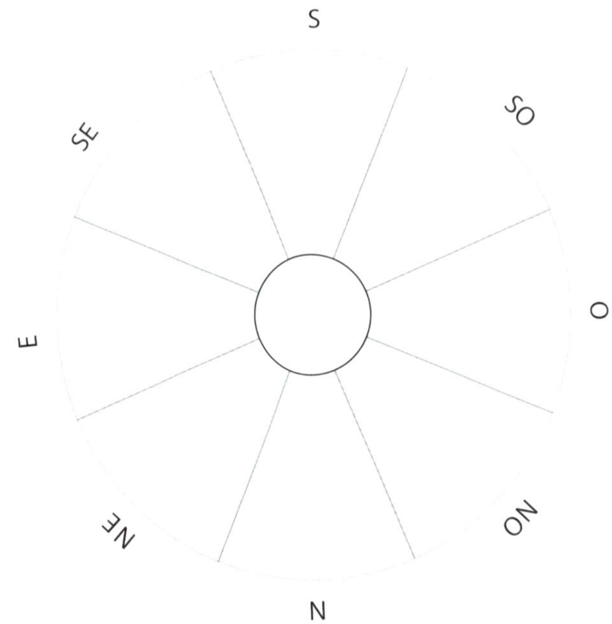

prénom :

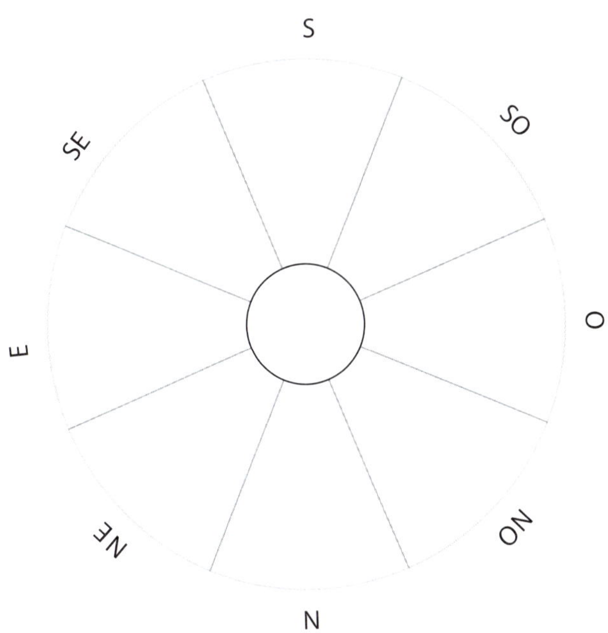

prénom :

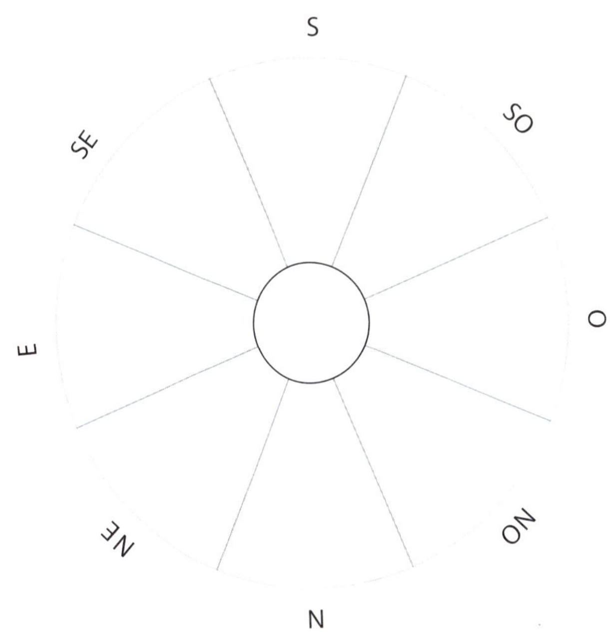

Je réalise mon plan

Ces points sont abordés dans le livre au chapitre « Le plan » (page 52).
Avant de commencer, munissez-vous d'une règle et d'une calculatrice.

Je dessine mon plan

☐ Je possède un plan de mon logement : je le reproduis sur la feuille de papier millimétré jointe.

☐ Je ne possède pas de plan de mon logement.
Je peux essayer de m'en procurer un auprès de mon propriétaire ou du notaire.
Si cela n'est pas possible, je dessine mon plan à partir des relevés que j'effectue dans mon lieu. Il est très important, dans ce cas, de veiller à l'exactitude des mesures prises et de tenir compte de la forme exacte des pièces. La tâche est plus aisée à deux, avec un mètre dérouleur long de 5 mètres ! Un petit conseil, commencez par un mur donnant sur l'extérieur, par exemple celui où se situe la porte d'entrée.
Sachez que vous ne pourrez analyser correctement votre lieu qu'à partir d'un plan conforme à la réalité et qui respecte une même échelle (la plus courante étant 1/50e, soit 2 centimètres pour 1 mètre).
Si votre lieu comporte plusieurs étages, n'oubliez pas que vous devez dessiner le plan de chacun d'eux.

Je divise mon plan en neuf palais (ou secteurs)

N'oubliez pas, avant de vous servir de la boussole, de retirer tous les objets qui pourraient perturber sa précision (bijoux, boucles de ceinture métalliques...).
En vous référant au chapitre du livre « La boussole et son utilisation » (page 36), prenez les mesures suivantes...
Pour cela :

— je reprends le tracé des contours de mon plan avec un feutre de couleur, en cherchant à réaliser un carré ou un rectangle ;
— je divise par trois chaque côté du carré ou du rectangle de mon plan ;
— je joins chaque point marqué à son opposé.

J'obtiens ainsi un plan carré ou rectangulaire, divisé en neuf palais.

Je renseigne mon plan

Je prends l'orientation de ma porte d'entrée

Indiquez avec précision le degré trouvé face à votre porte d'entrée : °

Cette mesure correspond à la direction :

Reportez cette mesure sur votre plan : elle correspond à l'orientation du mur où se trouve votre porte d'entrée.

Le *qi* qui entre dans votre maison provient de cette direction (orientation). Celle-ci est-elle favorable pour vous ?

oui **non**

Si vous vivez en couple, cette orientation est-elle favorable pour votre conjoint(e) ?

oui **non**

Je cherche d'autres mesures dans ma maison

Choisissez un mur facilement accessible dans votre lieu.

Indiquez dans quelle pièce il se trouve :

En y faisant face, prenez avec la boussole son orientation. La mesure indique : °

Cette mesure correspond à la direction :

Reportez cette mesure sur votre plan : elle correspond à l'orientation trouvée.

Vous pouvez maintenant déduire l'orientation de chacun des autres murs et l'indiquer sur votre plan. Vous n'êtes pas sûr de vous ? N'hésitez pas à prendre la mesure de chaque mur si vous le souhaitez.

J'indique mes palais favorables

J'inscris sur le plan l'emplacement de mes palais favorables (même s'ils tombent sur des espaces manquants), en indiquant dans une couleur mon prénom et ce que soutient ce secteur dans ma vie.

Par exemple : « Cécile-santé ».

Si je vis en couple, j'indique également les données de mon/ma conjoint(e) en choisissant une autre couleur.

J'observe mon plan

Muni de mon plan, je peux commencer à regarder différentes choses...

La forme du plan

Mon plan forme-t-il un carré ou un rectangle ?

oui **non**

Si oui, votre habitat présente un potentiel pour y vivre une existence équilibrée, car ces formes représentent la stabilité.

Dans le cas contraire, une impression d'instabilité peut parfois être ressentie.

Les espaces manquants

Votre plan comporte-t-il un ou plusieurs secteurs manquants ?

oui **non**

Si oui, touchent-ils un ou plusieurs de vos secteurs favorables ?

oui **non**

Si oui, précisez lesquels :

Si vous vivez à deux, touchent-ils un ou plusieurs des secteurs favorables de votre conjoint(e) ?

oui ☐ **non** ☐

Si oui, précisez lesquels :

Dans le cas d'une réponse positive, la personne concernée ne bénéficiera pas de soutien sur l'aspect de sa vie qui est touché par ce manque. Elle pourra compenser cette carence en s'orientant le plus souvent possible dans cette direction (orientation du lit, du bureau, du canapé...).

Le centre

Le centre de votre maison contient-il :

- un escalier : **oui** ☐ **non** ☐
- une salle de bains : **oui** ☐ **non** ☐
- des toilettes : **oui** ☐ **non** ☐
- un coin encombré : **oui** ☐ **non** ☐

Une réponse positive peut traduire certaines difficultés ressenties dans ce lieu (une perte d'énergie, des blocages, un manque d'épanouissement personnel...). Dans la pratique feng shui, le centre est considéré comme le cœur ou les poumons de votre maison ; c'est une partie qui doit être calme et dégagée.

J'évalue mon lieu en fonction de mes données personnelles

	Moi		Mon/ma conjoint(e)	
	OUI	NON	OUI	NON
L'entrée				
L'entrée se situe dans un de mes bons palais.				
La porte est dirigée vers une de mes bonnes directions.				
La chambre				
La chambre se situe dans un de mes bons palais.				
La salle de bains et les toilettes				
La salle de bains se situe dans un de mes mauvais palais.				
Les toilettes se situent dans un de mes mauvais palais.				
La cuisine				
La cuisine se situe dans un de mes mauvais palais.				
Le salon et la salle à manger				
Le salon se situe dans un de mes bons palais.				
La salle à manger se situe dans un de mes bons palais.				
TOTAL				

J'ai une majorité de OUI

Mon lieu est majoritairement favorable pour moi.

J'ai une majorité de NON

Je vais devoir compenser cette situation (si possible) :

- en choisissant une autre chambre, une autre orientation pour le lit ;
- en repositionnant le canapé ou le bureau ;
- autre(s) :

L'entrée

Premières observations

Si vous vivez dans une maison

Placez-vous à l'extérieur dos à la porte d'entrée et notez ce que vous voyez.

Y a-t-il des constructions agressives face à votre porte ?
oui ☐ **non** ☐

Y a-t-il un pylône ou un arbre juste en face ?
oui ☐ **non** ☐

Y a-t-il un autre élément qui bouche votre horizon ?
oui ☐ **non** ☐

Si vous rencontrez ce type de problème, sachez qu'il n'existe pas de remède miracle du type gri-gri... Le mieux est d'éviter ces configurations. Pour minimiser l'inconvénient qu'ils représentent le meilleur moyen, pour se protéger, est de mettre en place un écran (végétation, portail...) sans pour autant obstruer la porte.

Toujours à l'extérieur, placez-vous maintenant face à votre porte d'entrée. Qu'observez-vous ?

Pour chaque réponse négative, vous devez mener une action de correction : une couche de peinture, l'installation de plantes fleuries, le rangement d'objets...

La taille de la porte est-elle bien proportionnée à la maison ?
oui ☐ **non** ☐

Solutions : ....

La porte est-elle en bon état ?

oui **non**

Solutions :

L'éclairage de la porte est-il suffisant ?

oui **non**

Solutions :

Des éléments contribuent-ils à rendre cette entrée accueillante (plantes…) ?

oui **non**

Solutions :

Pouvez-vous constater que vous n'avez aucun élément « repoussant » (poubelle…) ?

oui **non**

Solutions :

Avez-vous une sonnette agréable et bien visible ?

oui **non**

Solutions :

Si vous vivez dans un appartement

À l'extérieur, placez-vous dos à votre porte d'entrée et notez ce que vous voyez. Pour chaque réponse négative, une action doit être menée, par exemple un mot au syndic, le remplacement du paillasson…

L'éclairage du palier est-il suffisant ?

oui **non**

Solutions :

Le palier est-il bien entretenu ?

oui ☐ **non** ☐

Solutions :

La porte est-elle en bon état ?

oui ☐ **non** ☐

Solutions :

La porte d'entrée est-elle bien dégagée, sans éléments pour l'obstruer ?

oui ☐ **non** ☐

Solutions :

Le paillasson est-il en bon état ?

oui ☐ **non** ☐

Solutions :

La sonnette fonctionne-t-elle bien ?

oui ☐ **non** ☐

Solutions :

Votre nom apparaît-il clairement ?

oui ☐ **non** ☐

Solutions :

Maintenant, rentrez dans votre lieu et continuez à observer.

La porte d'entrée s'ouvre-t-elle facilement ?

oui ☐ **non** ☐

Solutions :

Le premier regard rencontre-t-il quelque chose d'agréable ?

oui ☐ **non** ☐

Solutions :

Le lieu reflète-t-il un aspect chaleureux, accueillant ?

oui **non**

Solutions :

Pouvez-vous dire qu'aucun élément agressif n'est pointé vers la porte d'entrée (angle vif d'un meuble, arête saillante...) ?

oui **non**

Solutions :

Votre entrée est-elle bien éclairée ?

oui **non**

Solutions :

Si votre entrée possède un miroir, est-il placé de manière à ne pas faire face à la porte d'entrée ?

oui **non**

Solutions :

Votre entrée est-elle peu encombrée ?

oui **non**

Solutions :

Pouvez-vous facilement y poser vos affaires (manteau, chaussure, sac...) ?

oui **non**

Solutions :

Comme vous le savez maintenant, chaque réponse négative doit vous permettre de prendre conscience des modifications à réaliser pour optimiser votre entrée. Pensez à ranger, à trier, à organiser, à déplacer, à installer des rideaux, des meubles fermés... Ce lieu doit vous apporter à chaque passage une sensation de beau, de bien-être, de plaisir !

Le qi

Dessinez votre entrée ci-dessous, en y plaçant le mobilier et les éléments décoratifs et en y indiquant les ouvertures (portes, fenêtres).

En vous référant aux croquis de la circulation du *qi* présenté dans le livre (page 18), dessinez ensuite la façon dont le flux circule dans la pièce.

Le *qi* circule-t-il facilement, harmonieusement, pas trop rapidement, sans être bloqué ?

oui ☐ **non** ☐

Si nécessaire, listez les améliorations que vous pourriez apporter :

Le yin et le yang

Rappel

L'entrée est une pièce *yang*.

Actuellement, la pièce vous paraît-elle :

plutôt ***yin*** ☐ plutôt ***yang*** ☐

Au besoin, quelles modifications devriez-vous apporter (éclairage, peinture...) ?

Positionnement et orientation

Grâce au plan sectorisé de votre habitation, notez ici dans quel secteur se trouve votre entrée :

Ce secteur est-il favorable pour vous ?	**oui** ☐	**non** ☐
Si vous vivez en couple, est-il favorable pour votre conjoint(e) ?	**oui** ☐	**non** ☐
Renotez la direction de la porte d'entrée :		
Cette orientation est-elle favorable pour vous ?	**oui** ☐	**non** ☐
Si vous vivez en couple, est-elle favorable pour votre conjoint(e) ?	**oui** ☐	**non** ☐

Le choix des couleurs

En vous référant à la « roue feng shui », collez sur votre plan une gamme de stickers parmi ceux proposés pour ce secteur.

Notez les couleurs présentes dans votre entrée :

Envisagez-vous un changement de couleur ? Si oui, notez vos suggestions :

Autres notes :

La chambre du couple

L'extérieur

Regardez par la fenêtre et listez ce que vous observez.

Y a-t-il des constructions agressives ?

oui ☐ **non** ☐

Y a-t-il une végétation coupante ?

oui ☐ **non** ☐

Y a-t-il une antenne parabolique ou relais ?

oui ☐ **non** ☐

Si vous avez coché une ou plusieurs problématiques, pensez à mettre en place un écran (rideaux, stores, plantes...), qui protégera votre chambre de ces influences extérieures délicates.

L'intérieur

Prenez le temps d'examiner les points suivants.

L'encombrement

Trouvez-vous votre chambre encombrée ?

oui ☐ **non** ☐

Est-elle la pièce où vous entreposez les choses que vous ne savez pas où ranger ?

oui ☐ **non** ☐

Si c'est le cas, triez, jetez, rangez...

Solutions : ....

....

Le mobilier

Est-il proportionné à la taille de la chambre ?

oui **non**

Si ce n'est pas le cas, il est temps de repenser l'espace.

Solutions :

Les équipements multimédia

Sont-ils installés dans la chambre ?

Télévision : **oui** **non**

Ordinateur : **oui** **non**

Téléphone : **oui** **non**

Ce sont des éléments perturbateurs. Si vous n'avez pas la possibilité de les installer ailleurs ou si vous n'avez pas envie de vous en séparer, éloignez au maximum du lit votre téléphone sans fil ainsi que votre ordinateur (sans oublier de l'éteindre complètement avant de vous endormir).

Installez votre télévision dans un meuble que vous pouvez fermer ou, tout au moins, évitez de la placer juste en face du lit.

Solutions :

Le bureau

Idéalement, il est préférable d'installer son bureau dans une autre pièce que la chambre, celle-ci étant dédiée au repos. Si cela n'est pas possible, essayez de bien différencier le coin bureau du coin sommeil. Pour cela, vous pouvez jouer avec la couleur, ajouter un paravent, un rideau, une bibliothèque... Si vous passez beaucoup de temps devant votre bureau ou votre ordinateur, n'oubliez pas de vérifier que vous êtes orienté dans une de vos directions favorables (choisissez prioritairement la direction de la réussite).

Solutions :

Le qi

Dessinez votre chambre ci-dessous, en y plaçant le mobilier et les éléments décoratifs et en y indiquant les ouvertures (portes, fenêtres).

En vous référant aux croquis de la circulation du *qi* présenté dans le livre (page 18), dessinez ensuite la façon dont le flux circule dans la pièce.

Le *qi* circule-t-il facilement, harmonieusement, pas trop rapidement, sans être bloqué ?

oui **non**

Si nécessaire, listez les améliorations que vous pourriez apporter :

Attention : pensez à vérifier l'emplacement de vos miroirs !

Le yin et le yang

Rappel

La chambre est une pièce *yin* ;
le coin bureau un espace *yang*.

Actuellement, la pièce vous paraît-elle :

– espace repos : plutôt ***yin*** plutôt ***yang***
– espace bureau : plutôt ***yin*** plutôt ***yang***

Si besoin est, quelles modifications pourriez-vous apporter (tapis, coussins, rideaux, couleur des murs) :

Positionnement et orientation

Reportez vos orientations dans ce tableau...

	Vous	Votre conjoint(e)
Réussite		
Santé		
Amour		
Harmonie		
Petits tracas		
Problèmes		
Violence		
Échec		

Bleu : secteurs et orientations favorables

Jaune : zone de compromis

Grâce au plan sectorisé de votre habitation, notez ici dans quel secteur se trouve votre chambre :

Ce secteur est-il favorable pour vous ? **oui** ☐ **non** ☐

Est-il favorable pour votre conjoint(e) ? **oui** ☐ **non** ☐

Si ce secteur ne convient à aucun d'entre vous,
avez-vous la possibilité de choisir une autre chambre ? **oui** ☐ **non** ☐

Notez la direction de la tête de votre lit :

Cette direction est-elle favorable pour vous ? **oui** ☐ **non** ☐

Est-elle favorable pour votre conjoint(e) ? **oui** ☐ **non** ☐

Vous obtenez une ou plusieurs réponses négatives :

— si vous êtes de groupe identique, choisissez une orientation favorable, en vous référant au tableau (couleur bleu) ;

— si vous êtes de groupes opposés, seule est possible la direction « petit tracas » (couleur jaune) de l'un associée à une des quatre directions favorables de l'autre.

Quelle direction finale retenez-vous ?

Une fois ce choix fait, vérifiez qu'aucun angle saillant (de mur ou de meuble) ne pointe en direction du lit. Dans le cas contraire, décalez si possible le lit ou arrondissez les angles à l'aide d'une baguette.

Le choix des couleurs

En vous référant à la « roue feng shui », collez sur votre plan une gamme de stickers parmi ceux proposés pour ce secteur.

Notez les couleurs présentes dans votre chambre :

Envisagez-vous un changement de couleur ? Si oui, notez vos suggestions :

Astuce : Si vous effectuez de grands changements, prenez une photo avant et une photo après pour votre album !

Autres notes :

La chambre une personne

L'extérieur

Regardez par la fenêtre et listez ce que vous observez.

Y a-t-il des constructions agressives ?

oui ☐ **non** ☐

Y a-t-il une végétation coupante ?

oui ☐ **non** ☐

Y a-t-il une antenne parabolique ou un relais ?

oui ☐ **non** ☐

Si vous avez coché une ou plusieurs problématiques, pensez à mettre en place un écran (rideaux, stores, plantes...), qui protégera votre chambre de ces influences extérieures délicates.

Solutions :

L'intérieur

Prenez le temps d'examiner les points suivants.

L'encombrement

Trouvez-vous votre chambre encombrée ?

oui ☐ **non** ☐

Est-elle la pièce où vous entreposez les choses que vous ne savez pas où ranger ?

oui ☐ **non** ☐

Si c'est le cas, triez, jetez, rangez... Ne gardez que l'utile et l'agréable !

Solutions :

Le mobilier

Est-il proportionné à la taille de la chambre ?

oui ☐ **non** ☐

Si ce n'est pas le cas, il est temps de repenser l'espace.

Solutions :

Les équipements multimédia

Sont-ils installés dans la chambre ?

Télévision : **oui** ☐ **non** ☐

Ordinateur : **oui** ☐ **non** ☐

Téléphone : **oui** ☐ **non** ☐

Ce sont des éléments perturbateurs. Si vous n'avez pas la possibilité de les installer ailleurs ou si vous n'avez pas envie de vous en séparer, éloignez au maximum du lit votre téléphone sans fil ainsi que votre ordinateur (sans oublier de l'éteindre complètement avant de vous endormir).

Installez votre télévision dans un meuble que vous pouvez fermer ou, tout au moins, évitez de la placer juste en face du lit.

Solutions :

Le bureau

Idéalement, il est préférable d'installer son bureau dans une autre pièce que la chambre, celle-ci étant dédiée au repos. Si cela n'est pas possible, essayer de bien différencier le coin bureau du coin sommeil. Pour cela, vous pouvez jouer avec la couleur, ajouter un paravent, un rideau, une bibliothèque... Si vous passez beaucoup de temps devant votre bureau ou votre ordinateur, n'oubliez pas de vérifier que vous êtes orienté dans une de vos directions favorables (choisissez prioritairement la direction de la réussite).

Solutions :

Le qi

Dessinez votre chambre ci-dessous, en y plaçant le mobilier et les éléments décoratifs et en y indiquant les ouvertures (portes, fenêtres).

En vous référant aux croquis de la circulation du *qi* présenté dans le livre (page 18), dessinez ensuite la façon dont le flux circule dans la pièce.

Le *qi* circule-t-il facilement, harmonieusement, pas trop rapidement, sans être bloqué ?

oui **non**

Si nécessaire, listez les améliorations que vous pourriez apporter :

Attention : pensez à vérifier l'emplacement de vos miroirs !

Le yin et le yang

Rappel

La chambre est une pièce *yin* ; le coin bureau un espace *yang*.

Actuellement, la pièce vous paraît-elle :

– espace repos : plutôt ***yin*** plutôt ***yang***
– espace bureau : plutôt ***yin*** plutôt ***yang***

Si besoin est, quelles modifications pourriez-vous apporter (tapis, coussins, rideaux, couleur des murs) :

Positionnement et orientation

Grâce au plan sectorisé de votre habitation, notez ici dans quel secteur se trouve votre chambre :

Ce secteur est-il favorable pour vous ? **oui** ☐ **non** ☐

En cas de réponse négative, avez-vous la possibilité de choisir une autre pièce dans un secteur favorable pour installer votre chambre ? **oui** ☐ **non** ☐

Solutions :

Notez la direction de la tête de votre lit :

Cette direction est-elle favorable pour vous ? **oui** ☐ **non** ☐

Si non, il est indispensable de réorienter votre lit dans une de vos directions favorables.

Quelle direction retenez-vous ?

Une fois ce choix fait, vérifiez qu'aucun angle saillant (de mur ou de meuble) ne pointe en direction du lit. Dans le cas contraire, décalez le lit si possible ou arrondissez ces angles à l'aide de baguettes. Enfin, pour favoriser l'invitation à dormir à deux, n'oubliez pas de laisser un accès de part et d'autre de votre lit !

Le choix des couleurs

En vous référant à la « roue feng shui », collez sur votre plan une gamme de stickers parmi ceux proposés pour ce secteur.

Notez les couleurs présentes dans votre chambre :

Envisagez-vous un changement de couleur ? Si oui, notez vos suggestions :

Astuce : Si vous effectuez de grands changements, prenez une photo avant et une photo après pour votre album !

Autres notes :

Les chambres d'enfant

L'extérieur

Regardez par la fenêtre et listez ce que vous observez.

Y a-t-il des constructions agressives ?

oui ☐ **non** ☐

Y a-t-il une végétation coupante ?

oui ☐ **non** ☐

Y a-t-il une antenne parabolique ou un relais ?

oui ☐ **non** ☐

Si vous avez coché une ou plusieurs cases, pensez à mettre en place un écran (rideaux, stores, plantes…), qui protégera votre chambre de ces influences extérieures délicates.

Solutions :

L'intérieur

Prenez le temps d'examiner les points suivants.

L'encombrement

Trouvez-vous la chambre encombrée ?

oui ☐ **non** ☐

Est-elle la pièce où vous entreposez les choses que vous ne savez pas où ranger ?

oui ☐ **non** ☐

Si c'est le cas, triez, jetez, rangez… Ne gardez que l'utile et l'agréable !

Solutions :

Le mobilier

Est-il proportionné à la taille de la chambre ?

oui **non**

Si ce n'est pas le cas, il est temps de repenser l'espace.

Solutions :

Le bureau

Bien que la chambre d'un enfant soit normalement dédiée au jeu et au repos, cette pièce comporte généralement aussi son coin bureau.

Différenciez au maximum le coin bureau du coin sommeil. Pour cela, vous pouvez jouer avec la couleur, ajouter un paravent, un rideau, une bibliothèque...

Solutions :

Vérifiez aussi que votre enfant, lorsqu'il est installé devant sa table de travail, est orienté dans une de ses directions favorables (choisissez prioritairement la direction de la réussite).

Solutions :

Autant que possible, évitez la présence des équipements multimédia (notamment l'ordinateur...), car ce sont des éléments perturbateurs. Si vous n'avez pas la possibilité de l'installer ailleurs, éloignez-le au maximum du lit et veillez à ce que votre enfant l'éteigne complètement avant de se coucher.

Solutions :

Le qi

Dessinez la chambre ci-dessous, en y plaçant le mobilier et les éléments décoratifs et en y indiquant les ouvertures (portes, fenêtres).

En vous référant aux croquis de la circulation du *qi* présenté dans le livre (page 18), dessinez ensuite la façon dont le flux circule dans la pièce.

Le *qi* circule-t-il facilement, harmonieusement, pas trop rapidement, sans être bloqué ?

oui ☐ **non** ☐

Si nécessaire, listez les améliorations que vous pourriez apporter :

Attention : pensez à vérifier l'emplacement de vos miroirs !

Poursuivez maintenant le déroulé en consultant la page qui correspond à votre situation familiale :

— la chambre occupée par un enfant : page 35.

— la chambre partagée par plusieurs enfants : page 38.

La chambre occupée par un enfant

Positionnement et orientation

Grâce au plan sectorisé de votre habitation réalisé sur le papier millimétré, notez ici dans quel secteur se trouve la chambre de votre enfant :

Ce secteur est-il favorable pour lui ?

oui **non**

En cas de réponse négative, avez-vous la possibilité de choisir une autre pièce dans un de ses secteurs favorables pour y installer sa chambre ?

Solutions :

Le lit

Notez la direction de sa tête de lit :

Cette direction est-elle favorable pour lui ? **oui** **non**

Si non, il est indispensable de réorienter son lit dans une de ses directions favorables.

De son lit, votre enfant peut-il voir la porte de sa chambre ? **oui** **non**

Si ce n'est pas le cas, préférez un autre agencement afin de lui permettre de se sentir plus en sécurité dans son espace.

N'oubliez pas de placer sa tête de lit contre un mur afin de renforcer son sentiment de protection.

Quelle direction retenez-vous ?

Une fois ce choix fait, vérifiez qu'aucun angle saillant (de mur ou de meuble) ne pointe en direction du lit. Dans le cas contraire, décalez le lit si possible ou arrondissez ces angles à l'aide de baguettes.

Le bureau

Si votre enfant travaille ou joue régulièrement sur un ordinateur posé sur son bureau, notez sa direction actuelle :

Cette direction est-elle favorable pour lui ?

oui ☐ **non** ☐

Si non, il est indispensable de réorienter son bureau dans une de ses directions favorables.

Quelle direction retenez-vous ?

Le choix des couleurs

En vous référant à la « roue feng shui », collez sur votre plan, au niveau de sa chambre, une gamme de stickers parmi ceux proposés pour ce secteur.

Notez les couleurs présentes dans sa chambre :

Demandez-lui s'il aurait envie de choisir une ou des couleurs en particulier, et notez ses suggestions. Il est important, pour que l'enfant se sente bien dans son espace, de respecter ses envies et ses goûts.

Quelles couleurs retenez-vous ?

Le yin et le yang

Rappel

La chambre est une pièce *yin* ; le coin bureau un espace *yang*.

L'espace dédié au repos doit être plus *yin* que celui réservé au travail ou au jeu.

Actuellement, la pièce vous paraît-elle respecter cette règle ? **oui** **non**

Si non, quelles modifications pouvez-vous apporter (tapis, coussin, rideaux, couleur des murs…) ?

Et pour aller un peu plus loin dans l'analyse…

Il est toujours intéressant de revenir à l'observation du plan global de la maison, surtout quand votre enfant présente une problématique particulière.

À partir de son chiffre *gua*, notez dans quelle pièce de la maison se situe son palais de vie (son palais de l'harmonie) :

Ce palais est-il situé dans un espace manquant ou au niveau d'une salle de bains ou de toilettes ?

oui **non**

Une réponse positive peut expliquer une difficulté pour lui à trouver sa place.

Autres notes :

La chambre partagée par plusieurs enfants

Positionnement et orientation

En suivant le déroulé de la partie « La chambre occupée par un enfant – Positionnement et orientation » (page 35 du cahier pratique), répondez aux questions suivantes.
Dans quel secteur se trouve la chambre de vos enfants ?

Prénom de votre premier enfant :

La chambre est-elle dans un bon palais pour lui ?	oui ☐	non ☐
Sa tête de lit est-elle bien orientée ?	oui ☐	non ☐
Sa tête de lit est-elle bien contre un mur ?	oui ☐	non ☐
De son lit peut-il voir la porte ?	oui ☐	non ☐
Son bureau est-il bien orienté ?	oui ☐	non ☐

Prénom de votre deuxième enfant :

La chambre est-elle dans un bon palais pour lui ?	oui ☐	non ☐
Sa tête de lit est-elle bien orientée ?	oui ☐	non ☐
Sa tête de lit est-elle bien contre un mur ?	oui ☐	non ☐
De son lit peut-il voir la porte ?	oui ☐	non ☐
Son bureau est-il bien orienté ?	oui ☐	non ☐

Prénom de votre troisième enfant :

La chambre est-elle dans un bon palais pour lui ?	oui ☐	non ☐
Sa tête de lit est-elle bien orientée ?	oui ☐	non ☐
Sa tête de lit est-elle bien contre un mur ?	oui ☐	non ☐
De son lit peut-il voir la porte ?	oui ☐	non ☐
Son bureau est-il bien orienté ?	oui ☐	non ☐

Chaque réponse négative doit générer, si possible, un nouvel agencement afin de mieux placer l'enfant.

Dans le cas où vous rencontrez une difficulté pour tout concilier, c'est l'enfant qui a le plus de réponses négatives qui doit être privilégié.

Notez les directions retenues pour...

Prénom de votre premier enfant :
— orientation du lit :
— orientation du bureau :

Prénom de votre deuxième enfant :
— orientation du lit :
— orientation du bureau :

Prénom de votre troisième enfant :
— orientation du lit :
— orientation du bureau :

N'oubliez pas de prendre en compte les angles saillants et la recommandation concernant les ordinateurs.

Le choix des couleurs

En vous référant à la « roue feng shui », collez sur votre plan, au niveau de leur chambre, une gamme de stickers parmi ceux proposés pour ce secteur.

Notez les couleurs présentes dans leur chambre :

Demandez-leur s'ils auraient envie de choisir une ou des couleurs en particulier, et notez leurs suggestions. Il est important, pour qu'un enfant se sente bien dans son espace, de respecter ses envies et ses goûts.

Quelles couleurs retenez-vous ?

Le yin et le yang

Rappel

La chambre est une pièce *yin* ; le coin bureau un espace *yang*.

L'espace dédié au repos doit être plus *yin* que celui réservé au travail ou au jeu.

Actuellement, la pièce vous paraît-elle respecter cette règle ? **oui** **non**

Si non, quelles modifications pouvez-vous apporter (tapis, coussins, rideaux, couleur des murs…) ?

Et pour aller un peu plus loin dans l'analyse...

Il est toujours intéressant de revenir à l'observation du plan global de la maison, surtout quand un de vos enfants présente une problématique particulière.

À partir de leur chiffre *gua*, notez dans quelle pièce de la maison se situent :

— le palais de vie de votre premier enfant :

— le palais de vie de votre deuxième enfant :

— le palais de vie de votre troisième enfant :

Si le palais de vie de l'un d'eux est situé dans un espace manquant ou au niveau d'une salle de bains ou de toilettes, cela peut expliquer une difficulté pour cet enfant à trouver sa place.

Autres notes :

Le salon

L'extérieur

Regardez par la fenêtre et listez ce que vous observez.

Y a-t-il des constructions agressives ?

oui ☐ **non** ☐

Y a-t-il une végétation coupante ?

oui ☐ **non** ☐

Y a-t-il une antenne parabolique ou un relais ?

oui ☐ **non** ☐

Si vous avez coché une ou plusieurs problématiques, pensez à mettre en place un écran (rideaux, stores, plantes...), qui protégera votre salon de ces influences extérieures délicates.

Solutions : ....

....

L'intérieur

Prenez le temps d'examiner les points suivants.

L'encombrement

Trouvez-vous votre salon encombré ?

oui ☐ **non** ☐

Est-il la pièce où vous entreposez les choses que vous ne savez pas où ranger ?

oui ☐ **non** ☐

Si c'est le cas, triez, jetez, rangez... Ne gardez que l'utile et l'agréable !

Solutions : ....

Le mobilier

Pouvez-vous accéder facilement dans cette pièce, accueillir des visiteurs, vous déplacer ?

oui **non**

Le mobilier est-il proportionné à la taille de la pièce ?

oui **non**

Si ce n'est pas le cas, il faudra tenir compte de ces observations dans le nouvel agencement de votre salon.

Solutions :

Le qi

Dessinez votre salon ci-dessous, en y plaçant le mobilier et les éléments décoratifs et en y indiquant les ouvertures (portes, fenêtres).

En vous référant aux croquis de la circulation du *qi* présenté dans le livre (page 18), dessinez ensuite la façon dont le flux circule dans la pièce.

Le *qi* circule-t-il facilement, harmonieusement, pas trop rapidement, sans être bloqué ?

oui ☐ **non** ☐

Si nécessaire, listez les améliorations que vous pourriez apporter :

Le yin et le yang

Rappel

Le salon est, par sa fonction, une pièce majoritairement *yang*.
Toutefois, afin que vous puissiez y trouver également détente et repos, elle doit avoir la capacité, à certains moments, de se transformer en une pièce plus *yin*.

La pièce vous paraît-elle suffisamment *yang* ?

oui **non**

Avez vous la possibilité, par moments, de la rendre plus *yin* ?

oui **non**

Si besoin est, quelles modifications pourriez-vous apporter (choix des éclairages, rideaux, tapis, coussins ...).

Positionnement et orientation

Grâce au plan sectorisé de votre habitation, notez ici dans quel palais se trouve votre salon :

Ce secteur est-il favorable pour vous ? **oui** **non**

Si vous vivez à deux, est-il favorable pour votre conjoint(e) ? **oui** **non**

Le salon doit se trouver dans un palais favorable.

Si ce secteur ne convient à aucun d'entre vous,
avez-vous la possibilité d'installer votre salon dans une autre pièce ? **oui** **non**

Laquelle ?

La disposition des meubles

Pour chaque réponse négative aux questions suivantes, vous devez mettre en place une solution (déplacer le canapé, installer un miroir, bouger un meuble...).

Votre canapé est-il placé contre un mur ou contre un meuble lui offrant une protection suffisante à l'arrière ? **oui** ☐ **non** ☐

Solutions : ....

De votre canapé, pouvez-vous voir la porte d'entrée du salon ? **oui** ☐ **non** ☐

Solutions : ....

Pouvez-vous facilement accéder à votre canapé et vous asseoir dedans ? **oui** ☐ **non** ☐

Solutions : ....

Vous avez l'habitude de vous installer sur le canapé ou sur un fauteuil en particulier pour lire ou regarder la télévision.

Notez la direction dans laquelle vous êtes orienté : ....

Cette direction est-elle favorable pour vous ? **oui** ☐ **non** ☐

Si vous êtes en couple, votre conjoint(e) peut-il (elle) également s'orienter vers une de ses directions favorables ? **oui** ☐ **non** ☐

Dans le cas d'une réponse négative, vous devez trouver un nouvel agencement afin de vous positionner dans une meilleure direction.

S'il s'agit de trouver une nouvelle orientation au canapé et que vous et votre conjoint(e) êtes de groupes opposés, appliquez les mêmes recommandations que celles indiquées pour l'orientation du lit dans la chambre du couple.

Nouvelle orientation choisie : ....

Dans votre salon, n'oubliez pas :

- d'installer un tapis pour délimiter l'espace propice à l'échange et inviter le *qi* à s'y arrêter ;
- de choisir une table basse proportionnée à l'endroit, ne comportant pas d'angles vifs, facile à utiliser, à nettoyer ;
- de placer votre télévision de manière qu'elle ne soit pas trop visible, trop présente, afin de privilégier d'autres activités dans cette pièce

Il ne vous reste plus qu'à vérifier que votre salon donne envie à tous de s'y installer confortablement !

Le choix des couleurs

En vous référant à la « roue feng shui », collez sur votre plan une gamme de stickers parmi ceux proposés pour ce secteur.

Notez les couleurs présentes dans votre salon :

Envisagez-vous un changement de couleur ? Si oui, notez vos suggestions :

Pensez à vérifier l'emplacement de vos miroirs ! Les grands miroirs ont certes l'avantage d'agrandir l'espace, mais s'ils sont mal placés, en face d'une baie vitrée par exemple, ils occasionneront une perturbation du *qi*.

Autres notes :

La salle à manger

L'extérieur

Regardez par la fenêtre et listez ce que vous observez.

Y a-t-il des constructions agressives ?

oui ☐ **non** ☐

Y a-t-il une végétation coupante ?

oui ☐ **non** ☐

Y a-t-il une antenne parabolique ou un relais ?

oui ☐ **non** ☐

Si vous avez coché une ou plusieurs problématiques, pensez à mettre en place un écran (rideaux, stores, plantes...), qui protégera votre salle à manger de ces influences extérieures délicates.

Solutions : ....

....

....

L'intérieur

Prenez le temps d'examiner les points suivants.

L'encombrement

Chaque réponse négative aux questions suivantes doit vous inciter à revoir l'agencement de cet espace afin qu'il soit un endroit de partage et de plaisir. Peut-être devez-vous envisager de changer votre table pour un style qui vous correspond plus, ou en choisir une plus pratique, ou bien encore changer vos tabourets contre des chaises, qui seront plus confortables...

Trouvez-vous votre salle à manger encombrée ?

oui **non**

Si c'est le cas, retirez tous les objets qui ne vous semblent plus à leur place dans cet endroit, ainsi peut-être que certains meubles.

Solutions :

Trouvez-vous votre table agréable (forme, matière...) ?

oui **non**

Solutions :

Avez-vous suffisamment de place pour en faire le tour et pour vous y installer facilement ?

oui **non**

Solutions :

Pouvez-vous aisément y inviter des personnes en plus ?

oui **non**

Solutions :

Êtes-vous confortablement assis ?

oui **non**

Solutions :

L'éclairage est-il suffisant ?

oui **non**

Solutions :

Le *qi*

Dessinez votre salle à manger ci-dessous, en y plaçant le mobilier et les éléments décoratifs et en y indiquant les ouvertures (portes, fenêtres).

En vous référant aux croquis de la circulation du *qi* présenté dans le livre (page 18), dessinez ensuite la façon dont le flux circule dans la pièce.

Circule-t-il facilement, harmonieusement, pas trop rapidement, sans être bloqué ?

oui ☐ **non** ☐

Si nécessaire, listez les améliorations que vous pourriez apporter :

Le yin et le yang

Rappel

La salle à manger est par sa fonction, une pièce majoritairement *yang*.

La pièce vous paraît-elle suffisamment *yang* ?

oui **non**

Si besoin est, quelles modifications pourriez-vous apporter (éclairage, couleur, choix des matériaux, forme des meubles...).

Positionnement et orientation

Grâce au plan sectorisé de votre habitation, notez ici dans quel palais se trouve votre salle à manger :

Ce secteur est-il favorable pour vous ? **oui** **non**

Si vous vivez à deux, est-il favorable pour votre conjoint(e) ? **oui** **non**

La salle à manger doit se trouver dans un palais favorable.

Si ce secteur ne convient à aucun d'entre vous, avez-vous la possibilité d'installer votre espace repas dans une autre pièce ? **oui** **non**

Laquelle ?

Vous avez l'habitude de vous installer sur votre table à une place particulière.

Notez la direction dans laquelle vous êtes orienté : ....

Cette direction est-elle favorable pour vous ? **oui** ☐ **non** ☐

Si vous êtes en couple, votre conjoint(e) peut-il également s'orienter vers une de ses directions favorables ? **oui** ☐ **non** ☐

Dans le cas d'une réponse négative, et si vous passez régulièrement beaucoup de temps autour de cette table, choisissez une place mieux orientée pour vous. Veillez à ce que votre conjoint(e) fasse de même.

Nouvelle orientation choisie : ....

N'oubliez pas d'installer un tapis sous votre table. Au-delà du confort qu'il apporte aux pieds, il invitera le *qi* à s'arrêter.

Le choix des couleurs

En vous référant à la « roue feng shui », collez sur votre plan une gamme de stickers parmi ceux proposés pour ce secteur.

Notez les couleurs présentes dans votre salle à manger :

....

....

....

Envisagez-vous un changement de couleur ? Si oui, notez vos suggestions :

Autres notes :

La cuisine

L'extérieur

Regardez par la fenêtre et listez ce que vous observez.

Y a-t-il des constructions agressives ?

oui ☐ **non** ☐

Y a-t-il une végétation coupante ?

oui ☐ **non** ☐

Y a-t-il une antenne parabolique ou un relais ?

oui ☐ **non** ☐

Si vous avez coché une ou plusieurs problématiques, pensez à mettre en place un écran (rideaux, stores, plantes...), qui protégera votre cuisine de ces influences extérieures délicates.

Solutions :

L'intérieur

Commencez maintenant à analyser votre cuisine : regardez ce que vous pouvez noter comme aspects positifs ou négatifs concernant cette pièce et son agencement.

Des appareils associés à l'élément feu se situent-ils à côté ou en face d'appareils associés à l'élément eau ?

oui ☐ **non** ☐

Dans le cas d'une réponse positive, vous devez déplacer les appareils concernés ou ajouter un élément bois pour les séparer.

Solutions :

Votre cuisine possède-t-elle une hotte aspirante ?

oui **non**

Si oui, vérifiez qu'elle est en bon état, nettoyée régulièrement et de taille suffisante pour la pièce.
Si non, étudiez la possibilité d'en installer une.

Lorsque vous cuisinez, pouvez-vous voir facilement les personnes qui entrent dans la pièce ?

oui **non**

Dans le cas d'une réponse négative, pensez à installer un miroir pour vous permettre de remédier à cette situation.

Trouvez-vous votre cuisine très encombrée ?

oui **non**

Si c'est le cas triez, jetez ou rangez dans des placards, de préférence fermés. N'oubliez pas que la cuisine est un lieu qui doit être pratique et commode à nettoyer ; plus vos ustensiles seront à l'abri de la poussière, plus votre ménage sera facile !
Il est également recommandé de ranger les instruments agressifs pour le *qi*, les couteaux par exemple, qui sont souvent accrochés plutôt qu'installés dans un tiroir.

Solutions :

Les matériaux présents sont-ils faciles à nettoyer ?

oui **non**

Si votre réponse est négative, il est temps de les changer !

Nouveaux matériaux envisagés :

Le *qi*

Dessinez votre cuisine ci-dessous, en y plaçant le mobilier et les éléments décoratifs et en y indiquant les ouvertures (portes, fenêtres).

En vous référant aux croquis de la circulation du *qi* présenté dans le livre (page 18), dessinez ensuite la façon dont le flux circule dans la pièce.

Circule-t-il facilement, harmonieusement, pas trop rapidement, sans être bloqué ?

oui **non**

Si nécessaire, listez les améliorations que vous pourriez apporter :

Le yin et le yang

Rappel

La cuisine est par sa fonction, une pièce majoritairement *yang*.

La pièce vous paraît-elle suffisamment *yang* ?

oui **non**

Si besoin est, quelles modifications pourriez-vous apporter (choix des matériaux, éclairage...).

Positionnement et orientation

Grâce au plan sectorisé de votre habitation, notez ici dans quel palais se trouve votre cuisine :

Ce secteur est-il favorable pour vous ? **oui** **non**

Si vous vivez à deux, est-il favorable pour votre conjoint(e) ? **oui** **non**

La cuisine doit se trouver dans un secteur défavorable, mais il est rarement possible de la déplacer.

Notez la direction de votre four :

Cette direction est-elle favorable pour vous ? **oui** **non**

Si vous vivez à deux, est-elle favorable pour votre conjoint(e) ? **oui** **non**

Notez la direction de votre four à micro-ondes :

Cette direction est-elle favorable pour vous ? **oui** **non**

Si vous vivez à deux, est-elle favorable pour votre conjoint(e) ? **oui** **non**

Lorsque c'est possible, les éléments « feu » doivent être orientés dans une direction bénéfique pour vous.

Si vous êtes en couple et que vos chiffres *gua* sont de groupes opposés, la direction choisie tiendra compte de la personne à favoriser.

Le choix des couleurs

En vous référant à la « roue feng shui », collez sur votre plan une gamme de stickers parmi ceux proposés pour ce secteur.

Notez les couleurs présentes dans votre cuisine :

Envisagez-vous un changement de couleur ? Si oui, notez vos suggestions :

Autres notes :

La salle de bains et les toilettes

L'extérieur

Si votre salle de bains dispose d'une fenêtre, regardez dehors et listez ce que vous observez.

Y a-t-il des constructions agressives ?

oui **non**

Y a-t-il une végétation coupante ?

oui **non**

Y a-t-il une antenne parabolique ou un relais ?

oui **non**

Si vous avez coché une ou plusieurs problématiques, pensez à mettre en place un écran (rideaux, stores, plantes...), qui protégera votre salle de bains de ces influences extérieures délicates.

Solutions :

L'intérieur

Il est important de disposer d'une ventilation efficace afin que l'espace reste sain. Pensez-donc à vérifier son bon fonctionnement et à la nettoyer régulièrement.

Trouvez-vous votre salle de bains trop encombrée ?

oui **non**

Si oui, il est temps de jeter les tubes périmés, les vieux parfums, les échantillons inutilisables...

Ce lieu, où l'on prend soin de notre corps, doit refléter le bien-être et être d'une propreté irréprochable. Pour cela, il est plus aisé de choisir des matériaux faciles à nettoyer. Est-ce le cas pour vous ?

oui ☐ **non** ☐

Solutions : ....

....

Afin de minimiser la perte d'énergie causée par le drainage de l'eau, la salle de bains doit être au maximum cloisonnée et fermée.
L'accès de la pièce se situe-t-il dans votre chambre ?

oui ☐ **non** ☐

Si oui, ayez le réflexe de maintenir la porte fermée particulièrement le soir en vous couchant.
Si elle ne possède pas de porte, ajoutez en une ou installez un rideau.

Positionnement

Rappel

La salle de bains et les toilettes doivent se trouver dans un secteur défavorable.

Grâce au plan sectorisé de votre habitation, notez ici dans quel palais se trouve

– votre salle de bains : ....

Ce secteur est-il bien un secteur défavorable pour vous : **oui** ☐ **non** ☐
Si vous vivez à deux, l'est-il pour votre conjoint(e) : **oui** ☐ **non** ☐

– vos toilettes : ....

Ce secteur est-il bien un secteur défavorable pour vous : **oui** ☐ **non** ☐
Si vous vivez à deux, l'est-il pour votre conjoint(e) : **oui** ☐ **non** ☐

Le choix des couleurs

Rappel

Dans la salle de bains comme dans les toilettes, tout est permis dans le choix des couleurs !

Envisagez-vous un changement de couleur ? **oui** **non**

Si oui, notez vos suggestions :

Notes

Notes

Direction éditoriale : Guillaume Pô • Édition : Agnès Busière, assistée de Morgane Talbotier
Direction de création : Laurent Quellet • Direction artistique et création graphique : Armelle Riva
Mise en pages : Astrid Guillo • Fabrication : Aurélie Lacombe et Thierry Dubus
Achevé d'imprimer en juillet 2012 chez C&C Offset (Chine)
Dépôt légal : octobre 2012
ISBN : 978-2-215-11158-0
MDS : 591662
N° d'édition : P12106-01

Ma maison FENG SHUI Le guide

Armelle Vannier & Laurence Carroy

FLEURUS
www.fleuruseditions.com

Sommaire

Petit guide d'utilisation de ce kit

Un livre pour...

- comprendre ce qu'est le feng shui ;
- aborder la théorie de manière accessible ;
- connaître l'essentiel de la méthode à prendre en compte, dans chaque pièce de la maison ;
- découvrir des exemples de cas concrets.

Un cahier pratique pour...

- effectuer pas à pas l'analyse de son espace de vie ;
- trouver des solutions adaptées et personnalisées ;
- structurer les actions à mener pour un agencement optimum.

Une « roue feng shui »

Créée spécialement pour vous par les auteurs, elle vous permet de retrouver en un coup d'œil, pour les différents membres de la famille, les bonnes orientations et, pour la maison, les couleurs associées aux points cardinaux.

Un plan à personnaliser

- une feuille de papier millimétré pour tracer son plan et le faire évoluer ;
- une planche de stickers à coller sur ce plan pour visualiser le choix des couleurs.

Introduction

Les écrits sur le feng shui abondent, et il n'est pas rare de rencontrer des ouvrages qui n'ont de feng shui que le titre !

Ainsi, alors qu'elle exige un certain regard sur le monde et une grande précision dans ses préconisations, cette discipline ancestrale a été largement simplifiée, et même modifiée, proposant souvent des recettes miracles ou des remèdes infondés.

Le feng shui ne saurait pourtant être assimilé à une méthode « d'arrangement des meubles » qui préconiserait cristaux à facettes et grigris en tout genre, et selon laquelle les couleurs feraient office de baguettes magiques capables à elles seules de régler tous vos maux.

C'est, au contraire, quelque chose de très sérieux. Il puise ses origines dans le taoïsme, philosophie chinoise ancestrale qui étudie l'univers et ses lois ainsi que la vie de l'homme, placé entre ciel et terre.

C'est également une branche de la médecine chinoise. Dans les temps anciens, omettre d'analyser l'environnement du patient malade était considéré comme une faute grave.

Nous avons essayé, dans cet ouvrage, de vous donner accès à une méthode vous permettant d'intégrer le feng shui dans votre vie et, nous l'espérons, de vous ouvrir également à la pensée chinoise dans son ensemble cette dernière visant à apprendre, à travers l'équilibre, à repérer ce qui est juste.

Un grand sage de l'Antiquité chinoise, Lao Tseu, a dit : « Un voyage de mille lieues commence par un seul pas. » Nous vous proposons de faire avec vous le premier...

Origine et signification du feng shui

Un peu d'histoire

La Chine est le berceau du feng shui. Cette discipline millénaire est issue du taoïsme, philosophie ancestrale qui enseigne les fondements de l'existence et donne des repères à l'homme afin qu'il trouve sa place dans ce monde en perpétuel mouvement.

À l'origine, le feng shui ne concernait pas les vivants, mais déterminait l'emplacement idéal des tombes de façon à ce qu'il agisse positivement sur la destinée des descendants de la personne défunte.

Le maître feng shui était le détenteur de règles extrêmement précises, d'un savoir transmis oralement de maître à disciple, ce dernier suivant et observant le maître. Capable d'analyser les courbes et les reliefs d'un paysage, d'utiliser les forces de la terre, il était chargé du choix des sites, en déterminant ceux qui seraient les plus propices à une existence heureuse (c'est-à-dire, pour cette époque, susceptibles de produire de bonnes récoltes et de protéger les habitants des invasions et des maladies).

Du fait de la force et des enjeux mis en œuvre, le maître feng shui servait l'empereur et sa famille ; ses préconisations étaient ainsi déterminantes dans le choix du lieu de construction du palais impérial. Si officiers et hauts fonctionnaires pouvaient également y faire appel, ce n'était jamais le cas du commun des mortels.

Lors de l'abdication du dernier empereur, Pu Yi, en 1911, les intellectuels réformateurs jugèrent les arts traditionnels, comme le feng shui, inadaptés à cette Chine moderne naissante. C'est pendant la période maoïste, au moment de la fondation de la République populaire de Chine, en 1949, puis au moment de la révolution culturelle, en 1966, que de nombreux maîtres feng shui furent chassés du pays, les coutumes anciennes étant systématiquement jugées rétrogrades, et donc éradiquées. Ils se réfugièrent à Hong Kong, à Taïwan et à Singapour, régions dont l'incroyable essor sera attribué au feng shui. Ce dernier gagne les États-Unis dans les années 1980 avant de parvenir en Europe, d'abord dans les pays anglo-saxons, puis petit à petit en France à partir des années 1990.

De nos jours, de plus en plus de célébrités et d'entreprises à travers le monde font appel au feng shui. Cela reste cependant très confidentiel, car cette discipline n'est pas toujours comprise dans notre culture occidentale très rationnelle.

Qu'est ce que le feng shui ?

En chinois, *feng* signifie « vent » et *shui,* « eau ». Ces deux éléments naturels conditionnent la vie sur terre et jouent un rôle essentiel pour véhiculer le flux vital qui circule dans tout l'univers et dans tout être vivant, et que les Chinois nomment *qi* (prononcer « tchi ») – *voir « Le qi », page 14.*

Le feng shui est avant tout une science de l'observation. Les contours naturels du paysage (montagnes, collines, plateaux) sont soigneusement étudiés, le comportement des cours d'eau (flux vif ou lent, sens d'écoulement) précisément analysé, la vitalité de la végétation prise en compte dans son ensemble. Tout ceci permet d'évaluer le trajet du *qi,* sa nature et sa qualité. Ces différentes informations sont précieusement collectées, car elles sont déterminantes dans le choix d'un emplacement adapté à la construction d'un habitat. Elles sont également indispensables pour estimer si l'énergie qui pénètre dans la maison sera de nature à apporter une vie harmonieuse à ses habitants.

Le feng shui est donc un outil de décodage des lieux ; il permet de comprendre pourquoi on peut se sentir mieux à certains endroits qu'à d'autres, puis d'agir en conséquence pour optimiser le potentiel d'un lieu.

Le feng shui, comment ça marche ?

Le feng shui tient compte des forces naturelles venant du ciel et du champ magnétique de la terre. Ces forces influencent la circulation du *qi.*

Afin de localiser les lignes de champ magnétique terrestre, le praticien feng shui va utiliser un Luopan, boussole traditionnelle chinoise qui permet de relever de manière très précise différents paramètres de l'environnement extérieur. Il pourra ainsi déterminer, à l'extérieur, l'endroit et les directions à privilégier pour la construction d'une habitation, et à l'intérieur de celle-ci, positionner le mobilier et les personnes selon l'orientation idéale qui leur correspond (*voir « Orientations favorables et défavorables », page 48*).

En effet, certaines orientations peuvent, par exemple, amplifier le stress et la fatigue, ou au contraire les atténuer.

Le feng shui consiste ainsi à mettre en adéquation le flux du *qi* avec les besoins de chacun.

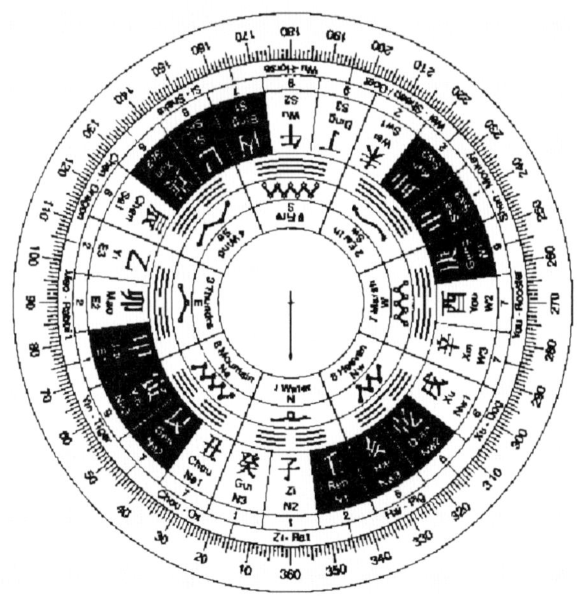

Quel est son objectif ?

L'objectif principal du feng shui est la préservation de l'énergie vitale. D'une manière générale, il apporte l'équilibre. En rectifiant l'aménagement de notre intérieur, il va donner un nouveau souffle à notre habitat, et donc à notre vie, dans les limites des possibilités de notre logement.

Sur un plan plus personnel, son analyse permet d'ajuster nos besoins en identifiant les énergies qui soutiennent, nos relations familiales et sociales, notre carrière, notre vie amoureuse et notre vitalité, gage d'une bonne santé.

Le feng shui, l'une des « trois chances »

À la différence de la pensée occidentale, où la réussite d'un projet ne dépend que de la seule volonté de l'individu, la pensée chinoise fait reposer ce succès sur la conjoncture de trois facteurs, les « trois chances ».

LA CHANCE DU CIEL : la destinée, ce que nous recevons à la naissance et que nous ne pouvons pas changer. L'astrologie chinoise, que l'on nomme *ba zi*, désigne les caractéristiques énergétiques de chaque personne à sa naissance, et permet de la guider sur les bonnes actions à mener aux bons moments.

LA CHANCE DE L'HOMME : la volonté personnelle, la persévérance, le libre arbitre, ce que l'on met en place dans notre vie pour avancer.

LA CHANCE DE LA TERRE : le feng shui, c'est-à-dire la configuration de l'endroit où l'on va vivre et qui nous soutiendra, ou non, suivant la nature du *qi* qui y circule.

La philosophie chinoise rattache « les trois chances » à ce que l'on nomme la trilogie cosmique : entre ciel et terre se trouve l'homme (*macrocosme*), entre le toit et les fondations d'une maison se trouve encore l'homme (*microcosme*).

Le cœur du sujet est bien la personne. En choisissant d'aménager sa maison par rapport aux critères du feng shui, elle se donne une chance supplémentaire d'obtenir ce qu'elle désire et d'améliorer sa qualité de vie et celle de sa famille.

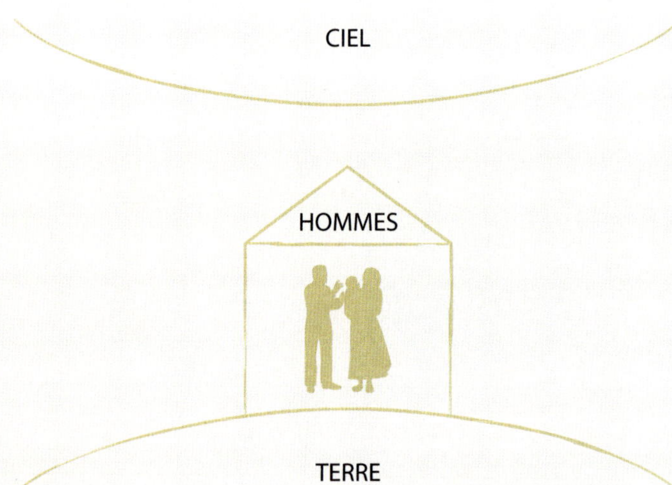

Les grands principes

Pour appréhender le feng shui, il est indispensable de mettre de côté notre manière occidentale de comprendre le monde ; une autre vision des choses existe, celle de l'Orient, et de la Chine en particulier, à laquelle nous vous invitons à vous ouvrir. Énergie vitale, lieu idéal, harmonie dans la différence, cycle perpétuel sont les grands principes de ce système de pensée ancestral que vous allez découvrir à présent.

Le *qi*

La nature est une source d'énergie naturelle. Les Chinois l'ont nommée *qi* (prononcer « tchi »). Le *qi* constitue et relie tout ce qui existe. Il est le souffle vital qui circule dans tout l'univers et en tout être vivant.

Le *qi* de l'environnement extérieur

Lors de ses déplacements, le *qi* ne suit pas toujours le même rythme, et il offre une énergie plus ou moins positive en fonction du chemin qu'il emprunte et de ce qu'il rencontre sur son passage.

Plus le *qi* provient d'un environnement où il peut circuler de manière harmonieuse, rencontrant sur son passage des reliefs naturels non agressifs ou des bâtiments aux formes douces, plus il sera bénéfique : on l'appelle alors *sheng qi* (souffle de vie).

Plus le *qi* rencontre un relief coupant, des bâtiments déstructurés, plus il sera néfaste : on l'appelle alors *sha qi* (souffle empoisonné).

Ressentir le qi

Il n'est pas toujours facile de bien comprendre la notion de qi, ce dernier faisant partie du domaine de l'invisible.

Mais si nous ne pouvons pas le voir, nous pouvons le ressentir. Plus simplement, on peut se le représenter comme le mouvement, l'air, la vie, cette force dans laquelle baigne l'univers tout entier.

Environnement favorable, source de *sheng qi*.

• Le long d'une voie

C'est le cas le plus fréquent. Dès lors que la rue n'est pas une voie de communication importante (avenue bruyante et polluée), c'est un bon emplacement pour une habitation : en effet, le *qi* circule calmement devant chez vous, tout le long de la rue. Pour être encore plus précis, l'emplacement le plus favorable sera situé au centre de cette voie, votre maison ou votre immeuble étant alors supporté par les autres constructions, qui représentent le Tigre et le Dragon (*voir « Le nid du dragon », page 26*).

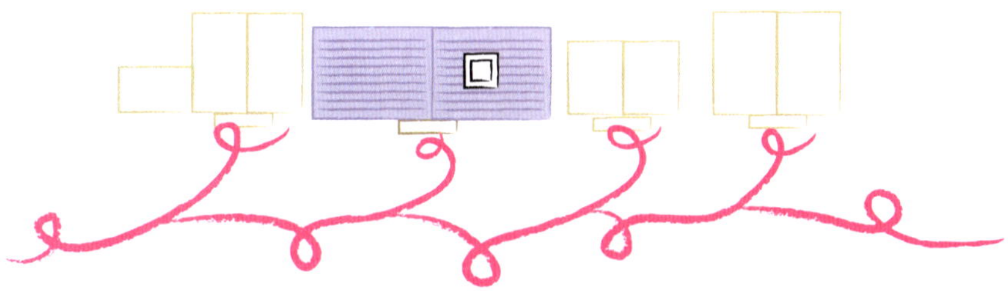

• Dans une impasse

Le fond d'une impasse est l'emplacement le plus défavorable, car le logement reçoit alors un flux de *qi* trop fort et de type agressif. Les maisons situées de chaque côté ne sont pas touchées par ce phénomène, mais baignent néanmoins dans un *qi* de type stagnant.

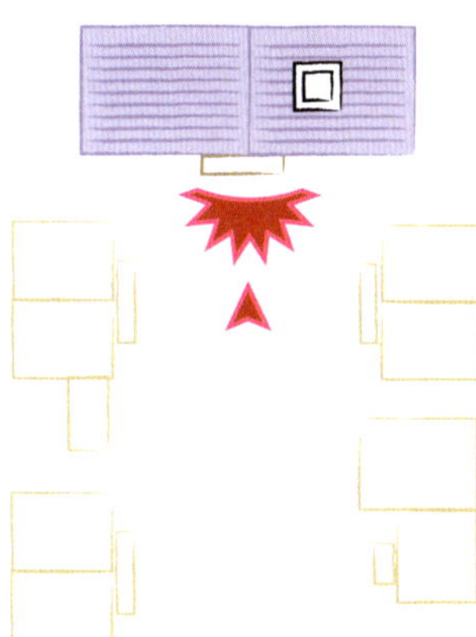

Imaginez-vous maintenant près d'un chemin de campagne, puis aux abords d'une autoroute : vous allez très certainement ressentir des effets bien différents, et plus ou moins agréables. Dans le premier cas, le qi est calme et reposant : dans l'autre situation, il est rapide et agressif.

En fait, quand vous vous sentez bien et que tout ce que vous entreprenez réussit sans nécessiter trop d'effort, c'est que vous êtes entouré d'un bon qi ! Le feng shui cherche à capter cette énergie positive et à la faire entrer dans un lieu de vie pour ressentir un bien-être, favoriser la bonne santé des habitants, faciliter leur réussite personnelle et professionnelle.

Reconnaître la nature du qi qui entoure votre lieu d'habitation permet de poser un premier « diagnostic ». En s'appuyant sur cette analyse, vous pourrez ensuite ajuster son mouvement à l'intérieur de chez vous.

- **À une jonction en T**

C'est un peu le même cas de figure que précédemment : le logement ainsi situé reçoit un *qi* trop rapide, ce qui le rend agressif. Les gens vivant dans ces endroits ne bénéficient pas de calme et de tranquillité. La seule solution est de bloquer le passage du *qi* en installant un portail ou en plantant un grand massif de buissons.

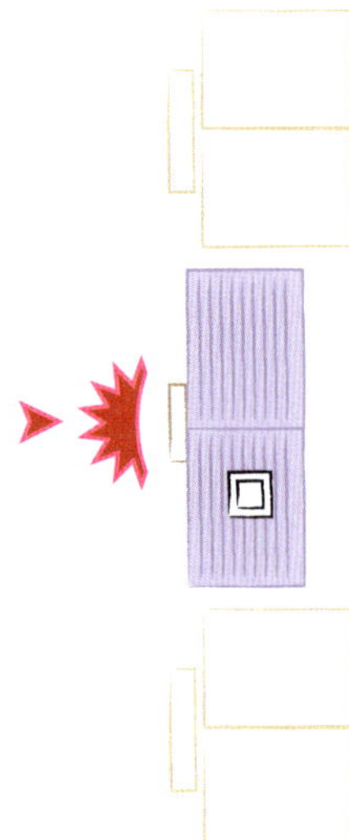

- **À un coin de rue**

Habiter à cet emplacement provoque un déséquilibre puisque le *qi* s'éparpille à l'angle de la rue. De plus, votre habitation est privée de la présence soit du Tigre, soit du Dragon, donc protégée à moitié seulement.

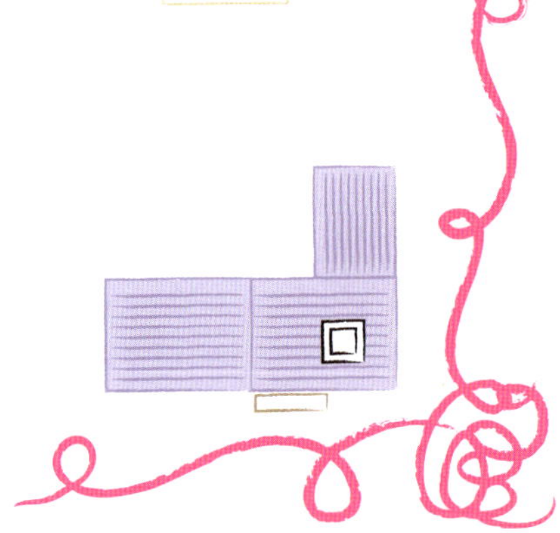

- **À une jonction en Y**

En arrivant, le *qi* se disperse de chaque côté de la maison sans lui apporter ses bienfaits.

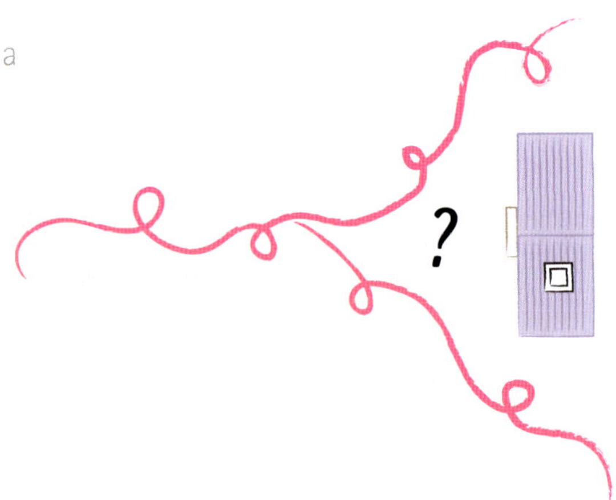

• Dans un cul-de-sac en forme de rond-point

Contrairement au cas de l'impasse, celui-ci est favorable car le *qi* circule en arrondi : il ne sera pas trop rapide et ne stagnera pas non plus puisque le rond-point le maintiendra dans un mouvement circulaire, comme dans un manège.

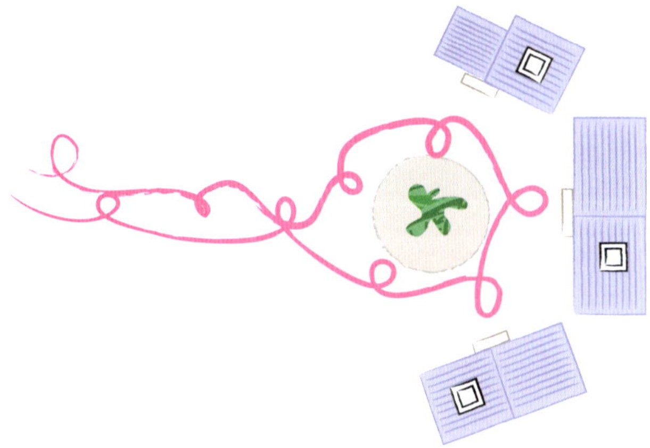

• Dans la partie concave de la boucle d'une rue

Tout va dépendre de la forme de la boucle. Si celle-ci est très serrée (*fig. 1*), le *qi* se trouvera comprimé et les habitants ressentiront un étouffement. L'endroit n'est donc pas favorable.

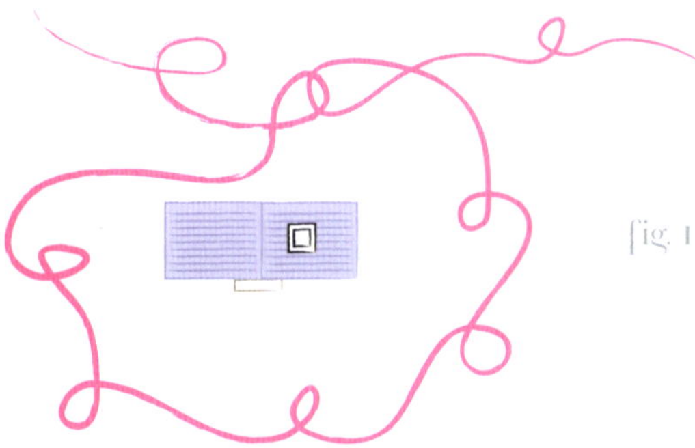

fig. 1

Si la boucle est très ample (*fig. 2*), le *qi* sera contenu tout en gardant de l'espace pour se mouvoir. Ce lieu est très favorable, et les habitants s'y sentiront comme entourés par des bras protecteurs. Lorsque c'est une rivière – et non plus une rue – qui forme ce type de courbe à l'avant de l'habitation, on appelle l'emplacement « ceinture de jade ».

fig. 2

• Dans la partie convexe de la courbe d'une rue

Ici, le *qi* ne fait que passer sans « déposer » réellement ses bienfaits. De plus, comme pour la jonction en Y, c'est un endroit où il se produit fréquemment des accidents : certains conducteurs, s'ils rencontrent des difficultés à rouler dans un virage serré, risquent de foncer droit dans la maison. Vivre dans un tel lieu sera donc source d'inquiétude.

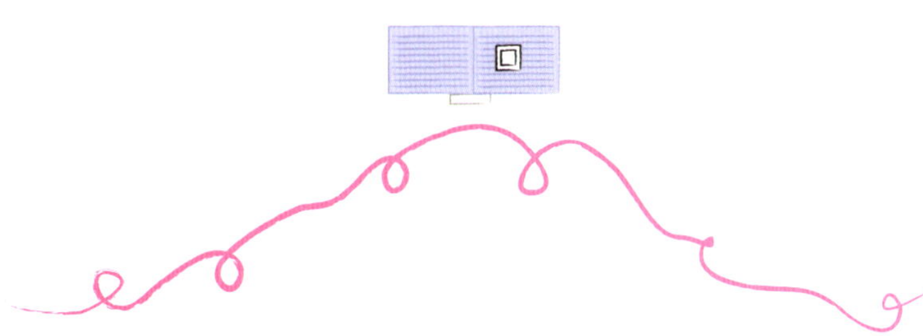

Le *qi* à l'intérieur de la maison

Garantir une bonne circulation du *qi* à l'intérieur de votre maison, c'est, en quelque sorte, permettre à votre espace de vie de « bien respirer ».

Le *qi* pénètre dans la maison par la porte, puis il est attiré immanquablement par les fenêtres ou par une pièce située en enfilade. Placer sur son passage des meubles ou objets (autour desquels il va serpenter) permet de ralentir son flux, et ainsi d'en faire profiter tout l'espace. Or, ce mouvement bénéfique ne peut pas se faire dans une pièce vide, ou au contraire trop encombrée.

• Dans une pièce aveugle

Le *qi* a tendance à stagner au lieu de circuler naturellement. Ceci étant, privé de l'ouverture d'une fenêtre, ce type d'espace n'est pas propice pour s'y installer longtemps de façon saine et confortable.

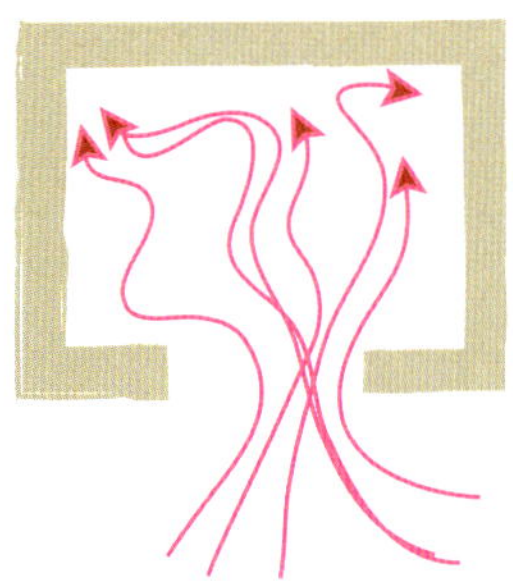

• Dans une pièce trop vide, avec la fenêtre face à la porte

Venant de la porte, le *qi* fuit par la fenêtre sans apporter ses bienfaits dans la pièce.

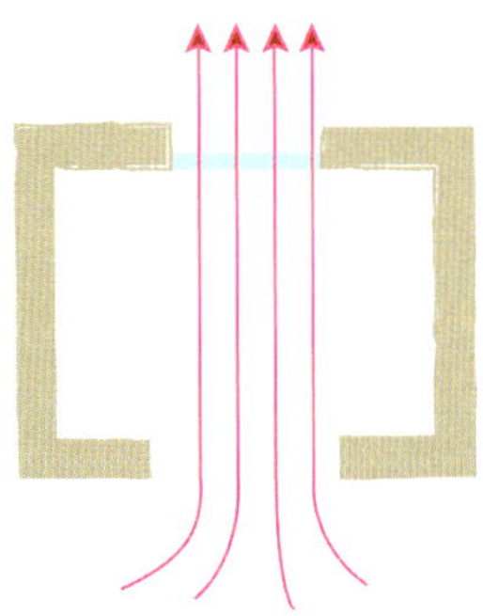

Solution :

Dès lors que des meubles sont disposés dans la pièce, sans bloquer le *qi* entrant, la circulation de celui-ci s'opère harmonieusement dans toute la pièce avant de repartir par la fenêtre.

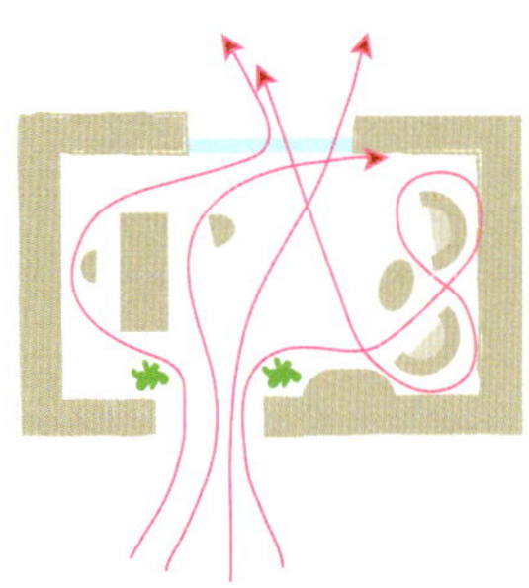

Le *qi*, une même énergie qui circule dans le corps et la maison

Le « ventre de notre maison » renferme la même énergie que celle se trouvant dans notre corps.

Quand nous consultons un acupuncteur ou que nous pratiquons des exercices de qi gong, nous cherchons en fait à relancer le flux vital qui est en nous et à lever nos éventuels points de blocage. Faire circuler notre énergie intérieure nous permet de prendre soin de notre santé, de préserver notre vitalité.

Notre habitat est le reflet de ce que nous vivons. Comme le fait un acupuncteur pour notre corps, le feng shui nous donne des clés afin de relancer, de guider et de canaliser, autant que possible, le qi des lieux où nous évoluons, afin que ses énergies nous soutiennent dans notre vie.

• Meubles mal positionnés

Un meuble de rangement empêche le *qi* de rentrer et le renvoie vers la sortie sans qu'il ait la possibilité d'imprégner la pièce.

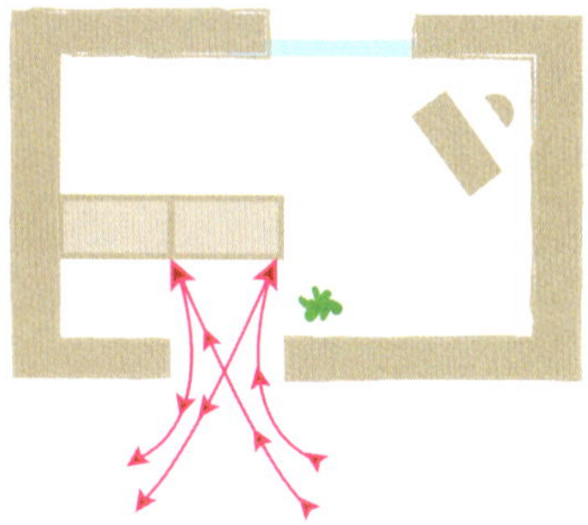

Solution :

On déplace le meuble de rangement afin de libérer le chemin que le *qi* emprunte naturellement pour entrer et relancer ainsi sa circulation.

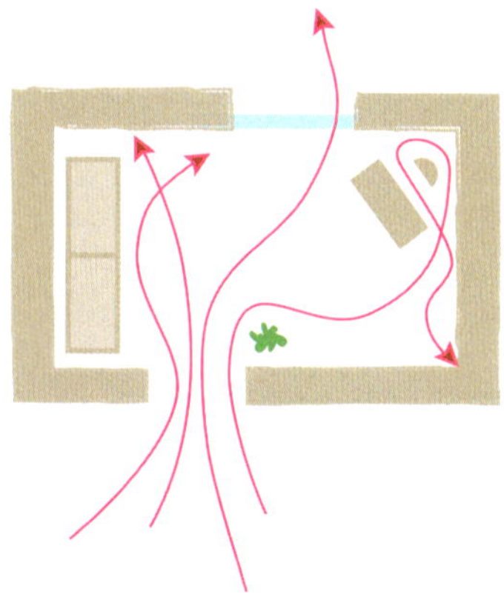

Laissez-vous surprendre par une expérience !

Placez-vous sur le seuil de votre porte et fermez les yeux un instant afin de mieux vous connecter à votre corps. Puis, marchez librement sans réfléchir, sans vouloir suivre vos habitudes. Quand vos pas ne sont plus dirigés par votre volonté, ils sont guidés par ce qu'ils rencontrent : l'orientation d'un tapis, un passage plus grand qu'un autre, la forme d'un meuble, un endroit plus éclairé...

Notez vos hésitations, vos arrêts, ce qui vous a empêché d'avancer ou, au contraire, ce qui était évident, facile à suivre : c'est très certainement le chemin qu'emprunte le *qi*.

Dans cette chambre, le *qi* est perturbé par les nombreuses poutres. De plus, le lit placé devant la fenêtre positionne le dormeur dans un flux d'énergie trop fort ; d'autre part, il n'offre pas la protection nécessaire pour lui permettre de s'y détendre pleinement.

L'impact des arêtes et des objets pointus ou coupants

Lorsqu'il rencontre des lignes d'arêtes ou des formes agressives, le *qi* réagit et se comporte comme une flèche, disséminant sur sa trajectoire un *qi* néfaste. Il faut alors éviter de séjourner dans cet axe.

Il suffit parfois de se décaler de quelques centimètres pour y échapper, en déplaçant par exemple sa chaise ou son lit. Quand ce n'est pas possible, l'installation d'un « écran » permet de s'en protéger, comme une végétation positionnée sur le rebord d'une fenêtre pour contrer l'angle d'un immeuble, ou une baguette arrondie collée sur l'arête d'un mur.

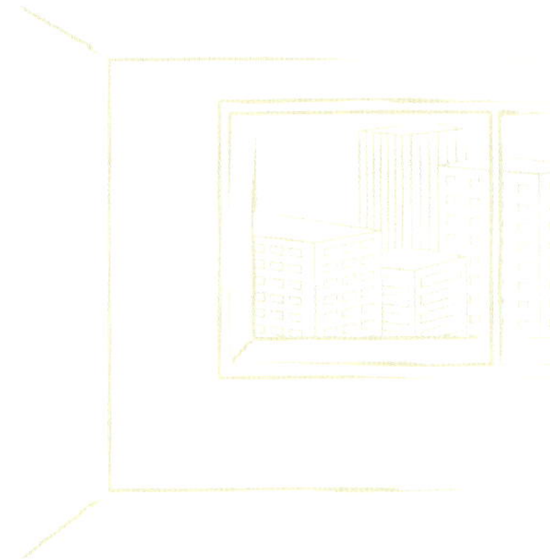

L'impact de cet environnement d'immeubles aux arêtes saillantes est négatif pour les personnes qui travaillent dans ce bureau.

Au contraire, grâce à la végétation et aux formes arrondies, cet environnement possède un impact positif sur les personnes travaillant dans ce bureau.

Pour atténuer les effets de l'arête présente entre les deux fenêtres, il suffit de déplacer le lampadaire devant l'angle du mur.

Les miroirs

Les miroirs ont un effet direct sur le *qi* : leur emplacement doit être soigneusement choisi car leur effet réfléchissant sera soit une source de désagrément, soit une solution à une problématique.

- **Le miroir est déconseillé :**

- face à la porte d'entrée principale, car il renvoie le *qi* vers l'extérieur en privant toute la maison de ses bienfaits ;
- face à une fenêtre, car de la même manière, il renvoie le *qi* vers l'extérieur sans que celui-ci profite à la pièce ;
- face à un lit, car il perturbe le sommeil des dormeurs qui sont allongés dans la trajectoire d'un *qi* trop dynamique.

- **Il est en revanche conseillé :**

- dans des endroits difficiles d'accès, comme un long couloir étroit et sinueux où le qi aurait du mal à atteindre les pièces situées à son extrémité. Un miroir positionné au niveau du coude du couloir captera son flux puis le renverra vers le fond.
- accroché en crédence au-dessus de l'évier ou du plan de travail de la cuisine, il permet, même en étant dos à la porte, de visualiser l'accès à la pièce et ainsi de maîtriser son espace en ayant connaissance de ce qui s'y passe.

Par ailleurs, sa taille n'est pas neutre : en effet, un miroir couvrant l'intégralité d'un placard ou d'un mur n'aura pas le même impact qu'un petit miroir posé sur une commode.

Retrouvez nos petits mémos sur le miroir au fil de votre lecture du livre !

Le *yin* et le *yang*

Dans la pensée chinoise, l'univers est en perpétuel mouvement. Ce concept fondamental de la vie est représenté par la manifestation du *yin* et celle du *yang*. C'est un regard sur le monde que nous avons du mal, nous autres Occidentaux, à assimiler, mais qui relève du bon sens.

La première observation fut faite en regardant les deux faces d'une montagne ; la face exposée au soleil fut désignée comme étant yang et celle opposée, à l'ombre, fut désignée comme étant *yin*. Une montagne, faite d'un seul bloc, comprend donc les deux aspects (*yin* et *yang*), chacun d'eux se transformant en l'autre suivant le moment de la journée ! C'est la raison pour laquelle on dit que rien n'est totalement *yin* ou totalement *yang* ; l'un renferme toujours un peu de l'autre et permet l'évolution.

Il en va ainsi pour l'être humain, l'homme ayant toujours une part féminine, et la femme un côté masculin. Le *taiji*, symbole bien connu du *yin* et du *yang*, représente le cycle ininterrompu de la croissance suivie de la décroissance qui précède la croissance... Il nous indique que le *yang* croît dès que le *yin* décroît, et inversement.

Le principe du pédalier de la bicyclette peut nous aider à comprendre ce phénomène : pour que le mouvement soit possible, il faut appuyer sur une pédale et relâcher la pression sur l'autre, puis inversement, sans s'arrêter.

Le *yin* et le *yang* sont présents dans toutes les manifestations de la vie et n'existent que l'un par rapport à l'autre, comme la nuit n'existe que par rapport au jour, et le froid par rapport au chaud.

Le taiji

Le yang est dans...

- la lumière.
- le ciel.
- le haut.
- le dur.
- le mouvement.
- le principe masculin.
- l'extériorité.
- les formes droites.
- les couleurs chaudes.
- les surfaces brillantes.

Le yin est dans...

- l'obscurité.
- la terre.
- le bas.
- le doux.
- le calme.
- le principe féminin.
- l'intériorité.
- les formes courbes.
- les couleurs pastel.
- les surfaces mates.

Comment repérer ce principe chez vous ?

Certains lieux nous donnent envie de nous poser, de nous ressourcer, et d'autres de nous mettre en action, de produire, de créer. Les premiers sont majoritairement *yin*, et les seconds majoritairement *yang*.

Aborder la notion de *yin* et de *yang*, c'est se questionner sur son envie de se mettre en mouvement ou, au contraire, de se poser, puis adapter ou choisir son environnement en conséquence.

Imaginez par exemple une chambre très éclairée, sans rideaux, peinte en rouge et blanc, avec un parquet vernis et brillant, sans tapis... Vous paraît-elle refléter un lieu propice au repos ?

Chaque lieu, chaque pièce occupe une fonction que l'on peut relier à la notion de *yin* ou de *yang*. Un bureau dont l'activité est de type commercial est principalement *yang* ; si l'activité nécessite du calme et de la concentration, le bureau est principalement *yin*. Le bien-être s'obtient en soutenant la fonction présente dans la pièce, tout en trouvant un juste équilibre entre le *yin* et le *yang*.

Reprenons l'exemple de la chambre : celle-ci sera majoritairement *yin* pour respecter sa fonction de repos, mais y ajouter une pointe de *yang* va permettre à la relation amoureuse (énergie *yang*) de s'exprimer.

Vous désirez apporter du *yin* ? Tamisez l'éclairage, installez des tapis, des coussins, habillez vos fenêtres de rideaux, préférez les couleurs pastel et les surfaces mates.

Vous trouvez que ça manque de peps ? Apportez du *yang* en ajoutant des éclairages, utilisez des matériaux brillants et lisses (comme les laques), des couleurs vives, du blanc...

Les pièces majoritairement *yin* :
- la chambre.
- un bureau dont l'activité nécessite de la concentration et du calme.
- une salle de méditation...

Les pièces majoritairement *yang* :
- l'entrée.
- le salon.
- la salle à manger.
- la cuisine.
- un bureau dont l'activité nécessite une énergie dynamique...

azur	tige
paille	zeste
glycine	rosée
raphia	pluie

piment	turquoise
chartreuse	canari
souci	orchidée
india	caramel

L'influence des éléments situés dans l'environnement immédiat

Le paysage qui entoure votre lieu de vie constitue la première étape de l'analyse feng shui, le premier potentiel de votre lieu d'habitation. Avant de pouvoir évaluer la qualité du *qi* de l'intérieur de votre maison, il est donc essentiel d'observer et d'apprécier ce qui l'environne.

Un jardin, un parc, un bassin ou une fontaine à proximité exercera une influence positive. Les structures circulaires, les dômes et les ronds-points de taille raisonnable apportent également l'harmonie, car les formes arrondies animent le *qi* d'un mouvement délicat.

D'autres structures construites par l'homme vont au contraire perturber le *qi* : les bâtiments déstructurés, aux angles pointus ; les pylônes et les poteaux ; les lignes à haute tension ; les ponts et les viaducs.

- **Il est important de repérer les lieux engendrant un *qi* trop *yang*,** susceptibles à la fois d'exciter et d'épuiser une personne sur le long terme : les écoles, les usines, les casernes de pompiers, les aéroports, les gares, les voies ferrées...

- **De même, il convient d'identifier les lieux trop *yin*,** qui nous exposent aux maux des autres et peuvent nous rendre apathiques, voire dépressifs : les cimetières, les hôpitaux, les décharges, les lieux de culte...

Ci-contre, en haut : architecture rigide aux angles vifs.
Ci-contre, en bas : architecture aux formes arrondies.
Page de droite : rue tranquille à l'architecture équilibrée, gage d'harmonie.

Le nid du Dragon

Le feng shui est aussi l'art de vivre en harmonie avec son environnement : il s'agit de trouver un équilibre entre la personne et ce qui l'entoure pour qu'elle se sente bien ! Mais comment reconnaître l'environnement qui crée cet écho favorable ?

En Chine, quatre déités célestes faisant partie de la mythologie sont devenues, au fil du temps, des éléments de la culture traditionnelle : le Phénix rouge, le Dragon vert, le Tigre blanc et la Tortue noire. Ces animaux symbolisent, sur terre, quatre types de paysages qui, lorsqu'ils sont disposés d'une certaine façon les uns par rapport aux autres, permettent au *qi* s'écoulant de leurs reliefs de converger en un point où il s'accumule et apporte une vitalité exceptionnelle. Cet endroit, appelé le nid ou le repaire du Dragon, est considéré comme le lieu le plus favorable à la construction d'une maison.

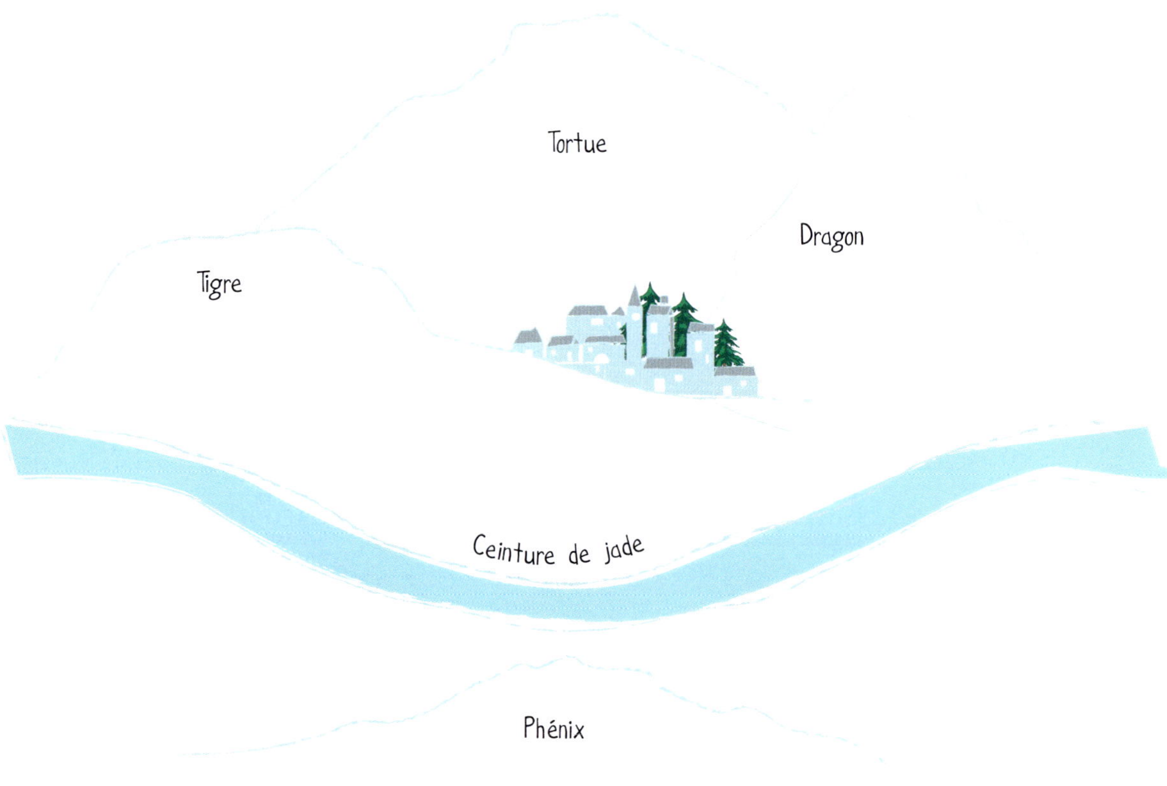

Les quatre animaux symboliques

- **La Tortue noire** représente le nord et l'hiver. C'est une partie très élevée et arrondie du terrain, qui se situe à l'arrière. Le calme lui est associé.
- **Le Dragon vert** représente l'est et le printemps. Il se situe à la gauche d'un site. Il est haut, élancé, et sa force est *yang*.
- **Le Tigre blanc** représente l'ouest et l'automne. Il se situe à l'opposé du Dragon vert. Son relief est plus large que haut, apparenté à un plateau, et sa force est *yin*.
- **Le Phénix rouge** représente la direction du sud, l'été, la lumière. Il se trouve à l'avant d'un site, et en contrebas des trois autres animaux. Il n'a qu'un léger relief (monticule) et peut comprendre une étendue d'eau. Le mouvement lui est associé.

On peut transposer cette configuration à l'échelle d'une ville ; si celle-ci est construite avec ce même rapport – montagne protectrice à l'arrière, montagne élancée à sa gauche, montagne large et plate à sa droite, et dégagement avec de l'eau à l'avant –, c'est toute la commune qui bénéficiera de ce *qi* de croissance, que l'on appelle le s*heng qi*.

L'exemple le plus parlant est certainement la ville de Hong-Kong. Construire toute une ville sur un si petit territoire (qui plus est une île !) n'avait de sens qu'au regard du potentiel en feng shui qu'elle renfermait. On y retrouve ainsi tous les éléments favorables énoncés plus haut : le mont Victoria dans son « dos », se prolongeant de chaque côté par une chaîne de montagnes plus ou moins élevées et, à l'avant, de l'eau contenue dans une baie : un parfait repaire du Dragon !

La légende place les quatre animaux en correspondance avec les quatre points cardinaux : le Phénix au Sud, la Tortue au Nord, le Dragon à l'Est et le Tigre à l'Ouest.

La configuration terrestre que nous retenons dans notre analyse ne tient pas nécessairement compte des points cardinaux. Un site sera favorable à partir du moment où apparaîtra sur le terrain cette disposition des quatre animaux.

Il faut d'ailleurs savoir que cette ville, aussi moderne soit-elle, tient toujours compte des préceptes du feng shui. En effet, les architectes y travaillent de pair avec les maîtres feng shui afin de respecter l'équilibre entre le relief artificiel construit par l'homme (bâtiments hauts, tours...) et le relief naturel. L'étonnante barre d'immeubles construite dans le secteur de Repulse Bay en est la preuve par l'exemple
(*voir la photographie ci-contre*).

Avec la montagne à l'arrière et l'eau à l'avant, cette construction avait les critères feng shui types d'un nid du Dragon. Cependant, la barre était si large que le *qi* descendant de la montagne était en fait bloqué à l'arrière ; il ne parvenait pas à rejoindre l'élément censé le contenir et le stabiliser : l'eau. Le maître feng shui a donc décidé de créer une trouée laissant le *qi* s'écouler vers la mer, d'où cette étrange architecture !

[illegible]

Dans les régions non montagneuses, les animaux sont symbolisés par les constructions humaines : les immeubles et les bâtiments de toutes sortes pour la Tortue, le Dragon et le Tigre, et une vue dégagée avec une route pour le Phénix.

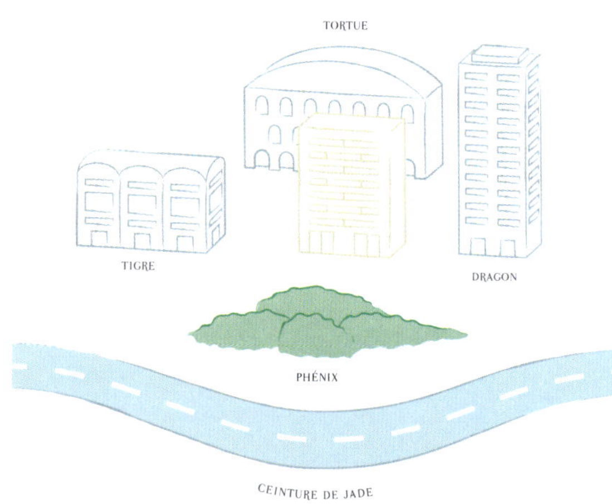

Prenez toujours comme référence la façade de votre maison ou de votre immeuble, c'est-à-dire la partie qui s'expose le plus au mouvement, à la vue de tous, qui fait souvent face à la rue (repérez ce qui pourrait être le visage d'une habitation, et vous avez sa façade).

Il vous faut ensuite retrouver :
- à sa gauche, un édifice haut représentant le Dragon ;
- à sa droite, une bâtisse représentant le Tigre ;
- à l'avant, un dégagement (avec par exemple un portail) pour marquer l'emplacement du Phénix ;
- et à l'arrière, une autre maison ou un mur représentant l'appui de la Tortue.

L'immeuble situé au centre bénéficie de la protection des quatres animaux symboliques représentés par les constructions qui l'entourent et la végétation.

La Tortue représente la protection, la stabilité familiale et financière. Si elle est absente, c'est-à-dire que rien ne soutient l'assise de votre maison ou de votre immeuble, une instabilité familiale peut survenir, ainsi que de la fragilité au niveau de la santé et des difficultés à conserver le patrimoine.
Dans certains cas, on observe, dans l'environnement de sa maison, un type de relief particulièrement proéminent par rapport aux autres. S'il s'agit par exemple d'une maison avec un Tigre plus haut que le Dragon, cela signifie que les aspects liés à la communication et à la justice prendront le dessus sur ceux du professionnel et de la finance ; cela favorisera également les occupants du sexe féminin.

Le Dragon représente la force *yang*, le côté masculin, les ressources financières et les chances de carrière. Son absence peut entraîner des obstacles dans le travail et des difficultés de rémunération, surtout pour l'homme de la maison ; les pères sont également moins présents dans les habitations privées de Dragon.

Le Tigre représente la force *yin*, l'aspect féminin, la communication, la justice, l'État. Son absence peut entraîner des difficultés au niveau des relations sociales, générer de la solitude et des difficultés avec l'État. Ces aspects vont toucher surtout la femme de la maison ; ce sont également des lieux où les mères sont moins présentes.

Le Phénix représente l'avenir, les perspectives, la capacité à se projeter dans le futur. S'il est à la fois dégagé et contenu par la présence d'une rue tranquille, votre lieu de vie vous procurera des perspectives d'évolution et aidera à la réalisation de vos projets dans différents domaines. Au contraire, un Phénix entravé par un immeuble proche ou par une végétation trop dense entraînera une lenteur voire une stagnation dans vos projets ; le manque d'ambition est caractéristique de ces lieux.

Tortue

Dragon

Tigre

Phénix

Les cinq éléments

Les Chinois ont observé le monde (c'est-à-dire la nature, les hommes, le cosmos...) d'une manière extrêmement poussée. Le concept du *yin* et du *yang* leur est alors apparu.

Ils réussirent, parallèlement, à comparer tous les composants de la vie à cinq éléments. C'est ainsi que les orientations géographiques (déterminées par la boussole), les saisons, les couleurs, les goûts, les formes, la personnalité et les organes seront associés à un élément.

Cette façon de considérer des éléments, inhabituelle pour nos yeux d'Occidentaux, est un concept délicat à appréhender. Retenez que l'énergie vitale nommée *qi* est soit *yin* soit *yang*. Ces deux forces renferment elles mêmes cinq propriétés qui, pour des raisons pratiques, ont reçu des noms tirés de la nature : le bois, le feu, la terre, le métal et l'eau.

Le bois s'élève, le feu irradie, la terre stabilise, le métal se condense, l'eau descend.

La méthodologie des étoiles volantes

La recommandation de placer les éléments dans leur forme brute (par exemple, des bougies pour le feu, une fontaine pour l'eau, un carillon métallique pour le métal...), à des endroits précis de son habitation, ne se fait pas en rapport avec les points cardinaux mais fait référence à une analyse feng shui plus avancé dite des « étoiles volantes » (étoiles = énergie et volantes = en mouvement).

Outre l'orientation du lieu, cette méthode prend en compte une autre dimension « temps », à savoir la date de construction de l'habitation.

À partir du croisement de ces deux données (orientation et temps) et de calculs complexes, une carte énergétique est établie. En fonction des problématiques rencontrées, l'ajout d'éléments contribue à rééquilibrer le lieu. Toutefois, cette méthode demande de longues années d'apprentissage afin d'être bien maîtrisée.

Les bougies représentent l'élément feu.

Les trois cycles des cinq éléments

Les cinq éléments permettent de différencier les comportements du *qi* et son évolution à travers trois cycles : la phase de production, celle de l'épuisement et celle de contrôle.

• **Cycle d'harmonie ou de production :** le feu produit la terre par les cendres qu'il crée, la terre contient et produit le métal, le métal minéralise l'eau, l'eau nourrit le bois, et le bois permet au feu d'avoir son carburant.

• **Cycle de modération ou d'épuisement :** à l'inverse, chaque élément réduit la force de l'autre.

• **Cycle de maîtrise ou de contrôle :** chacun des éléments en domine un autre, ce qui crée un déséquilibre.

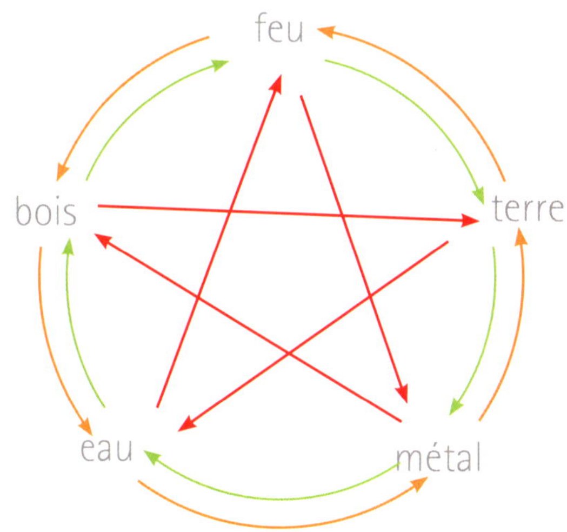

→ cycle de production (un élément en nourrit un autre)
→ cycle d'épuisement (un élément en affaiblit un autre)
→ cycle de contrôle

Les cinq éléments et la couleur

Dans cet ouvrage, nous utiliserons les cinq éléments à travers les couleurs qui leur sont associées. Quand on veut introduire de la couleur chez soi de manière harmonieuse, on va ainsi pouvoir, en fonction de l'emplacement des pièces, jouer sur une palette de couleurs en lien avec les points cardinaux :
- à l'est, des verts pour l'élément bois ;
- au sud, des rouges pour le feu ;
- au nord-est et au sud-ouest, des mélanges de jaunes et d'orangés pour la terre ;
- à l'ouest et au nord-ouest, des gris et du blanc pour le métal ;
- et enfin, au nord, un camaïeu de bleus.

Les cinq éléments font également référence à des traits de personnalité rattachés à l'élément associé au chiffre gua de chacun (voir « Le chiffre gua », page 42).

Les outils de mise en pratique

Passons maintenant de l'apprentissage à la pratique... Utiliser les principes du feng shui afin d'analyser sa maison va s'effectuer grâce à la manipulation d'un certain nombre d'outils. Les employer avec précision est la clé de la réussite d'un tel projet. La boussole est l'instrument par excellence de cette démarche traditionnelle. De même, connaître les précieuses informations contenues dans le *bagua*, calculer le chiffre de vie (le chiffre *gua*) de chacun et enfin, repérer ce qu'un plan révèle de nous-même, seront autant d'éléments qui vous permettront de cheminer sur la voie du feng shui.

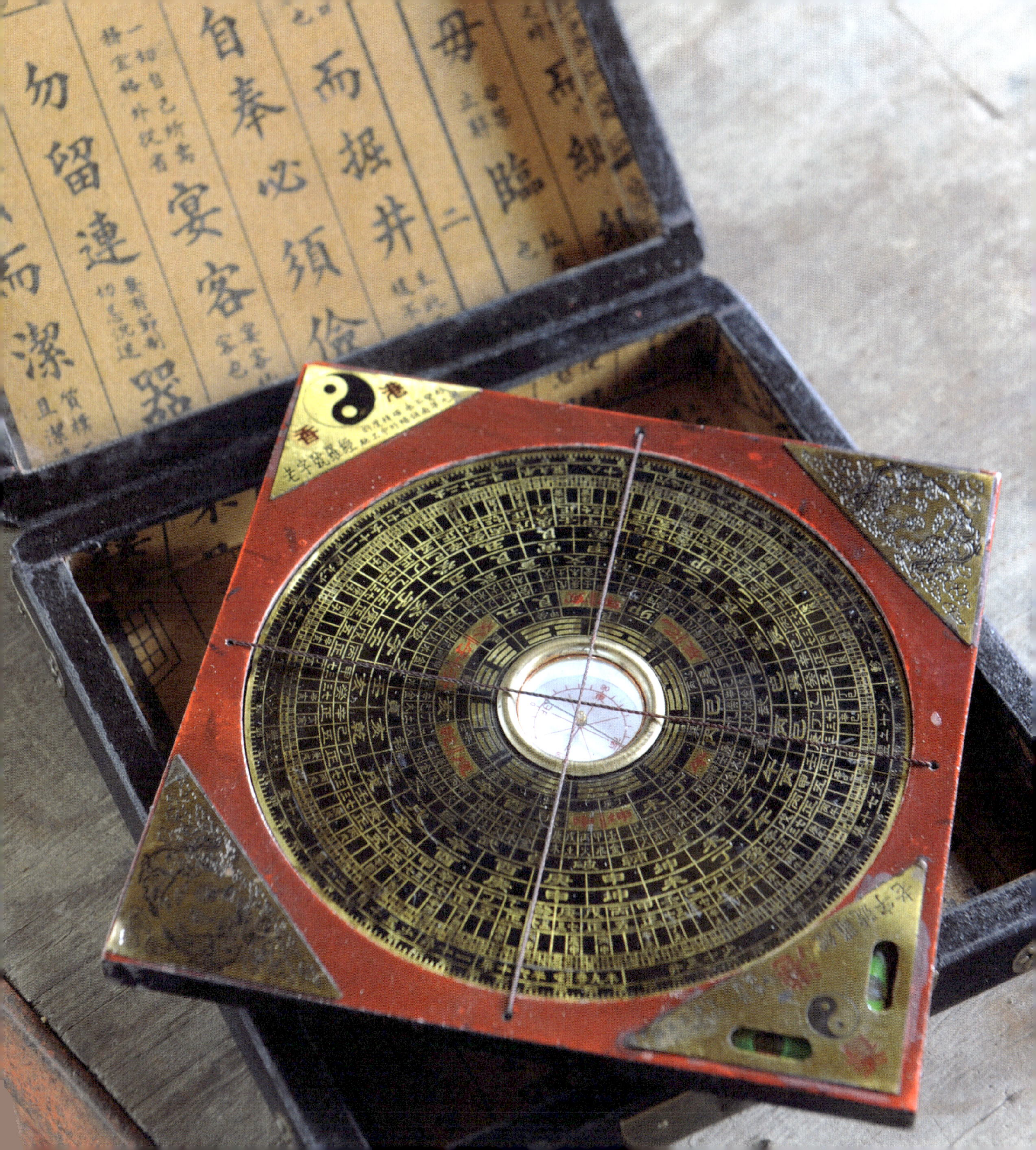

La boussole

L'outil indispensable à l'application des principes du feng shui est la boussole.

La boussole traditionnelle chinoise est appelée *luopan*, de *luo*, « tout », et *pan*, « boule ». C'est donc, littéralement, un instrument qui donne accès à de nombreuses informations concernant cette boule où nous vivons tous : la terre.

Un *luopan* est constitué d'un plateau rond tournant sur lequel figurent plusieurs cercles concentriques et d'une boussole en son centre. Il permet d'obtenir des relevés très précis pour l'évaluation des lieux de sépulture ou pour le calcul des flux énergétiques provenant des montagnes, des lacs, des vallées, des arbres, des édifices.

L'objectif de cet ouvrage étant d'assimiler les bases du feng shui, et non de devenir un maître de cette discipline, il n'est pas nécessaire de posséder un *luopan*. Une boussole suffisamment fiable, comme celle utilisée dans les courses d'orientation, sera tout à fait appropriée. Bien employé, cet instrument permet de déterminer avec précision l'orientation de notre habitat, l'emplacement de chaque pièce et les orientations à donner à nos agencements intérieurs.

Le *luopan*, boussole chinoise, pour la pratique du feng shui traditionnel.

Les huit orientations utilisées en feng shui

Dans le cadre d'une analyse feng shui, huit directions sont prises en compte : le nord, le nord-est, l'est, le sud-est, le sud, le sud-ouest, l'ouest et le nord-ouest. Chacune correspond à 45° sur le cadran de la boussole, qui en comprend 360.

Tableau de correspondance des directions

Mesure boussole	Direction
337°30' – 22°30'	nord
22°30' – 67°30'	nord-est
67°30' – 112°30'	est
112°30' – 157°30'	sud-est
157°30' – 202°30'	sud
202°30' – 247°30'	sud-ouest
247°30' – 292°30'	ouest
292°30' – 337°30'	nord-ouest

Attention !

Pour un bon fonctionnement de votre boussole, veillez à éliminer tous les éléments qui pourraient perturber le champ magnétique.
Pensez ainsi à vider vos poches des objets tels que portable et clés, à ôter votre ceinture si sa boucle est en métal, etc.

Par ailleurs, ne vous tenez pas trop près des portes et cloisons (reculez toujours d'un pas), afin d'éviter les perturbations magnétiques occasionnées par certains matériaux de construction.

Une boussole, telle que celles utilisées en course d'orientation est l'outil indispensable à se procurer. Elle est simple à manier pour réaliser les premières analyses feng shui.

Passons à la pratique...

Certaines personnes sont plus à l'aise que d'autres dans le maniement d'une boussole. Faisons ensemble quelques mesures.

Je détermine l'orientation de ma porte d'entrée

Je me place à l'intérieur de mon entrée, face à la porte (en reculant d'un pas pour les éventuelles perturbations magnétiques).
Je tiens ma boussole bien à plat devant moi, à la hauteur de mon bas-ventre : l'aiguille indique le nord.

Je tourne le cadran rotatif afin de faire correspondre le repérage marqué N (ou nord, ou 0° encadré) avec l'aiguille indiquant le nord (aiguille qui, en général, est rouge).

Le chiffre indiqué en haut de la boussole indique l'orientation de ma porte, par exemple 165°2'.

Je me réfère au tableau de correspondance des directions et constate que ce nombre correspond au sud (il commence à 157°30' et se termine à 202°30').

J'en déduis que ma porte d'entrée accueille un *qi* venant du sud et que le mur entier où se trouve ma porte d'entrée fait face au sud.

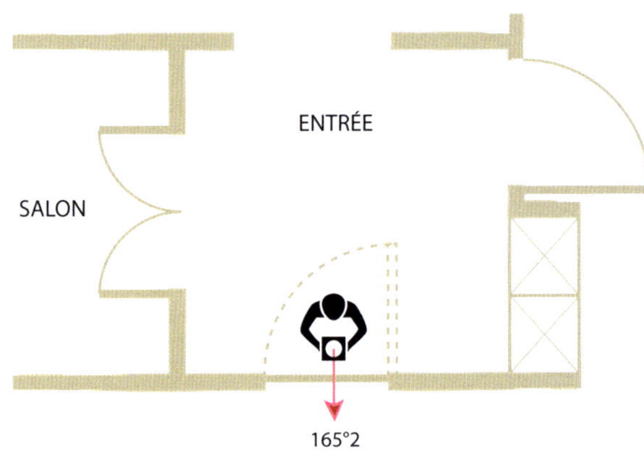

Cette mesure indique que la porte d'entrée est orientée vers le sud

PALIER EXTÉRIEUR

Je prends des mesures dans les différentes pièces

Cette mesure indique que le mur est orienté vers l'est

Je me place par exemple dans mon salon, face à un mur (celui qui me paraît le plus droit, le plus long, le plus facile d'accès…), en reculant d'un pas pour éviter les éventuelles perturbations magnétiques.
Je tiens ma boussole bien à plat devant moi, à la hauteur de mon bas-ventre : l'aiguille indique le nord.

Je tourne le cadran rotatif afin de faire correspondre le repérage marqué N (ou nord, ou 0° encadré) avec l'aiguille indiquant le nord (aiguille qui, en général, est rouge).
Le chiffre indiqué en haut de la boussole m'indique par exemple 75°2'.

En me référant au tableau de correspondance des directions, je constate que cette mesure correspond à l'est (il est compris entre 67°30' et 112°30').

J'en déduis que le mur du salon fait face à l'est ; j'en déduis aussi la direction de chacun des trois autres murs.

Je détermine l'orientation de mon lit

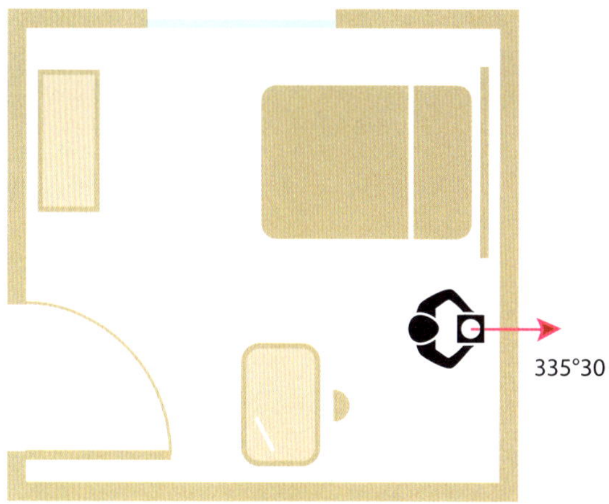

Cette mesure indique que la tête de lit est orientée vers le nord-ouest

Je me place au plus près du lit, face au mur qui supporte la tête de lit.
Je tiens ma boussole bien à plat devant moi à la hauteur de mon bas-ventre : l'aiguille indique le nord.

Je tourne le cadran rotatif afin de faire correspondre le repérage marqué N (ou nord, ou 0° encadré) avec l'aiguille indiquant le nord (aiguille qui, en général, est rouge).

Le chiffre indiqué en haut de la boussole m'indique par exemple 335°30'.
En me référant au tableau de correspondance des directions, je constate que cette mesure correspond au nord-ouest (il est compris entre 292°30' et 337°30').

J'en déduis que mon lit est orienté vers le nord-ouest.

Le *bagua*

Depuis les temps anciens, les Chinois ont codifié le monde pour mieux le comprendre. Ils ont procédé à une vaste comparaison de toutes les choses et de tous les phénomènes observables, et ont lié entre eux différents attributs permettant de saisir l'organisation la plus juste de l'univers. Ils choisirent la forme la plus adaptée, celle de l'octogone, pour présenter un condensé de ces informations. Cet octogone est appelé *bagua*.

Nous pouvons aussi définir le *bagua* comme une image à huit figures qui nous aide à matérialiser l'espace, un outil qui nous indique, pour chaque direction, les caractéristiques de l'énergie de la terre et son rapport à la nature et à l'homme. Vous êtes peut-être tenté de conclure que rien de ce qui nous entoure n'est neutre ? Eh bien, c'est tout à fait ce que prônent les Chinois, et le feng shui permet de définir la nature de ces influences sur nous.

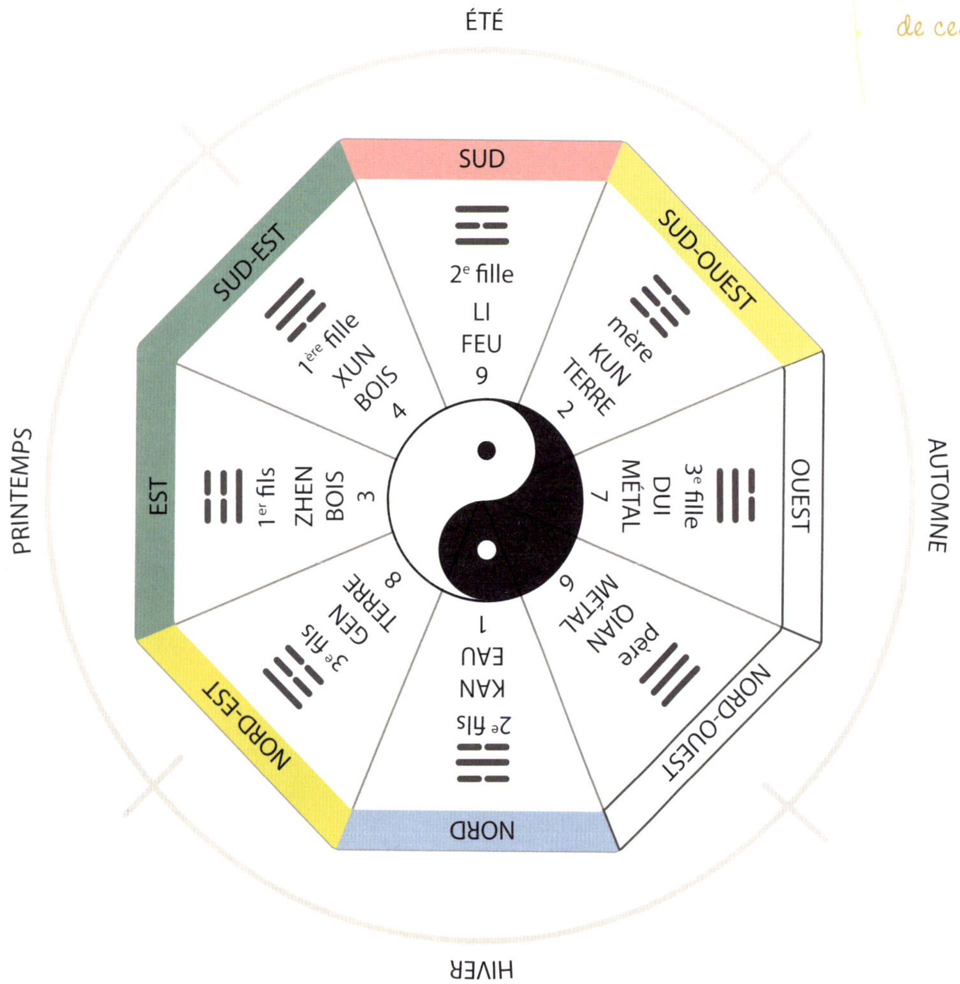

La signification du *bagua*

En chinois, le terme *ba* signifie « huit » et le terme *gua*, « trigramme ». Un trigramme est fait de trois traits. Chaque trait peut-être *yin* (- -) ou *yang* (–).

Il existe huit possibilités de superposer ces traits : on obtient les huit trigrammes.

Chaque trigramme correspond à une orientation et à des caractéristiques précises. Par exemple, le trigramme Kun (chiffre 2) correspond au sud-ouest, à la mère, à l'élément terre et aux couleurs jaune, ocre et beige.

Contrairement à ce que l'on peut lire dans certains ouvrages, le *bagua* n'est donc pas une méthode de feng shui, mais le reflet du monde qui nous entoure et son rapport avec l'homme.
Il n'est pas pour autant figé puisqu'il reflète également la loi du changement à travers le cycle des saisons, qui nous permet de prendre conscience que tout est amené à évoluer.

Une approche feng shui se référant plus à un courant « new age » qu'au feng shui « classique », décrite dans de nombreux ouvrages, utilise le *bagua* comme une référence qui permettrait de définir des zones en relation avec certains aspects de la vie. Par exemple, le secteur nord correspondrait, quelle que soit la personne, à l'emplacement favorisant la carrière, et le secteur sud-est à celui de la richesse.

Or, cette approche est en contradiction avec le fondement même du feng shui qui prend en compte les caractéristiques de chaque individu pour déterminer, dans son espace de vie, les zones qui vont le soutenir.
Pour certains d'entre nous, la zone nord va correspondre à la réussite, et pour d'autres à la santé !
(*Voir « Orientations favorables et défavorables », page 48*).

Couleur et *bagua*

En feng shui, la couleur est en corrélation avec une direction, un élément, une saison... Le *bagua* reproduit ces correspondances de façon visuelle et synthétique. Vous pourrez ainsi facilement en tenir compte dans la décoration de votre intérieur, pour y apporter un sentiment d'harmonie.

Toutefois, soyons clairs : la couleur ne sera jamais le remède miracle à une problématique personnelle sérieuse.

Couleurs : des intuitions souvent révélatrices

L'envie d'une teinte particulière peut souvent traduire un besoin spécifique : « Je ne sais pas ce qui m'arrive, mais je suis attirée depuis quelque temps par la couleur orange ! Je viens de craquer sur ces coussins, ces bougies... et j'ai même envie de repeindre ce mur qui est aujourd'hui un peu triste à mon goût ! » Lisa exprime très certainement son besoin de tonifier et de réchauffer son lieu de vie, d'y apporter du changement.

Savoir écouter ses besoins (tout en veillant à préserver une certaine harmonie et sans tomber dans les excès ni suivre à tout prix les effets de mode) contribue à nous régénérer.

Le chemin vers le bien-être peut passer par des choix simples, comme s'entourer de tonalités qui sont en accord avec nos envies instinctives du moment, et/ou avec les recommandations du feng shui liées à l'orientation.

Le carré *luo shu*

Étudier le feng shui nécessite de se rapprocher d'une culture et d'une pensée où nos repères sont malmenés, et de faire confiance à des principes qui ont fait l'objet de très nombreuses années d'observation puis d'analyse avant d'être validés par les Anciens.

C'est le cas du carré *luo shu* dont le principe unique repose sur un arrangement de nombres. Constitué d'un carré divisé en neuf cases, cette figure est considérée comme la représentation numérique de l'univers.

L'étude des nombres est une donnée fondamentale en feng shui. Notamment, on le verra, avec le chiffre *gua,* calculé en fonction de l'année de naissance de chacun (*voir page 42*).

4	9	2
3	5	7
8	1	6

Chacune des neuf cases contient soit un chiffre *yin* (pair), soit un chiffre *yang* (impair). Ces chiffres sont répartis de façon à ce que, en additionnant les chiffres de chaque ligne, colonne ou diagonale, le résultat soit toujours le nombre 15. C'est d'ailleurs pourquoi on l'appelle aussi le carré magique !

Les neuf cellules de ce carré sont à mettre en correspondance avec les neuf palais de votre maison (*voir « Le plan », page 52*) : avant de démarrer l'analyse de votre habitation, vous apprendrez à diviser votre plan en neuf espaces égaux nommés les neuf palais. Chacun d'eux renfermant des caractéristiques en lien avec les chiffres du carré *luo shu.*

Pour la petite histoire...

Les textes anciens ne mentionnent pas exactement la date d'apparition de ce diagramme, mais il se situerait tout de même avant notre ère.

L'origine de cette figure reste toutefois mystérieuse. On l'attribue à une légende racontant qu'une tortue sortant de la rivière Luo est apparue à l'empereur Yu avec, sur sa carapace, une série de points blancs et de points noirs ordonnés comme sur ce carré.

Le chiffre *gua*

Une analyse feng shui repose en grande partie sur le calcul d'un chiffre *gua* propre à chacun. Calculé à partir du sexe et de l'année de naissance d'une personne, ce chiffre permet de connaître les orientations qui lui sont le plus favorables, de façon à les privilégier ensuite dans l'aménagement de son lieu de vie, en évitant au maximum celles qui lui sont défavorables.

Attention !
Ce chiffre gua n'est valable que dans le cadre du feng shui.

Votre année de naissance dans le calendrier solaire chinois

Attention ! L'année de naissance à prendre en compte obéit au calendrier solaire chinois, qui démarre généralement au 4 février. Autrement dit, si vous êtes né le 2 février 1982, vous appartenez à l'année précédente, 1981.

Si vous êtes né(e) en début d'année, reportez-vous donc au tableau ci-dessous.

Calendrier solaire chinois							
1930	4 février	1953	4 février	1976	5 février	1999	4 février
1931	5 février	1954	4 février	1977	4 février	2000	4 février
1932	5 février	1955	4 février	1978	4 février	2001	4 février
1933	4 février	1956	5 février	1979	4 février	2002	4 février
1934	4 février	1957	4 février	1980	5 février	2003	4 février
1935	5 février	1958	4 février	1981	4 février	2004	4 février
1936	5 février	1959	4 février	1982	4 février	2005	4 février
1937	4 février	1960	5 février	1983	4 février	2006	4 février
1938	4 février	1961	4 février	1984	4 février	2007	4 février
1939	5 février	1962	4 février	1985	4 février	2008	4 février
1940	5 février	1963	4 février	1986	4 février	2009	4 février
1941	4 février	1964	5 février	1987	4 février	2010	4 février
1942	4 février	1965	4 février	1988	4 février	2011	4 février
1943	5 février	1966	4 février	1989	4 février	2012	4 février
1944	5 février	1967	4 février	1990	4 février	2013	4 février
1945	4 février	1968	5 février	1991	4 février	2014	4 février
1946	4 février	1969	4 février	1992	4 février	2015	4 février
1947	4 février	1970	4 février	1993	4 février	2016	4 février
1948	5 février	1971	4 février	1994	4 février	2017	3 février
1949	4 février	1972	5 février	1995	4 février	2018	4 février
1950	4 février	1973	4 février	1996	4 février	2019	4 février
1951	4 février	1974	4 février	1997	4 février	2020	4 février
1952	5 février	1975	4 février	1998	4 février	2021	3 février

Le calcul du chiffre *gua*

Ce calcul se fait assez simplement, à condition de bien observer certaines règles.

Première étape

Additionnez les deux derniers chiffres de l'année de naissance.
Si besoin, réduisez le nombre obtenu à un seul chiffre.
Exemple : 1983 8 + 3 = 11 1 + 1 = 2

Deuxième étape : la règle « homme » / « femme »

- **Si vous êtes une femme,** ajoutez 5 au résultat obtenu :
2 + 5 = 7
- **Si vous êtes un homme,** ôtez le résultat du nombre 10 :
10 – 2 = 8

Si nécessaire, réduisez le nombre obtenu à un seul chiffre.

Attention ! À partir de l'an 2000, la règle se modifie.

- **Si vous êtes une femme,** ajoutez 6 (au lieu de 5) à votre résultat.
- **Si vous êtes un homme,** ôtez le résultat du nombre 9 (au lieu de 10).

Particularité : pour les hommes dont la première étape de calcul aboutit au chiffre 9 ou au chiffre 0, il n'y a pas de deuxième étape de calcul : leur chiffre *gua* est le 9.

Voici quelques exemples de calcul pour vous familiariser avec ces règles.

La règle « homme » / « femme »

Chloé et Alexandre sont nés le 19 septembre 1971.
Le chiffre *gua* de Chloé est le 4 :
7 + 1 = 8 8 + 5 = 13 1 + 3 = 4
Le chiffre *gua* d'Alexandre est le 2 :
7 + 1 = 8 10 – 8 = 2

La règle d'exception

- Louis est né le 12 juillet 1977.
Son chiffre *gua* est le 2.
7 + 7 = 14 1 + 4 = 5 10 – 5 = 5
5 => 2
(Rappel : Pour les hommes, le résultat final 5 se transforme en 2).
- Capucine est née le 3 mars 2008.
Son chiffre *gua* est le 8.
0 + 8 = 8 8 + 6 = 14 1 + 4 = 5
5 => 8
À partir de l'an 2000, il faut ajouter 6 (au lieu de 5).
(Rappel : Pour les femmes, le résultat final 5 se transforme en 8).

L'année de référence dans le calendrier solaire chinois

Julien est né le 3 février 2006.
Son chiffre *gua* est le 4.
0 + 5 = 5 9 – 5 = 4

(Rappel : Selon le calendrier solaire chinois, l'année 2006 commence seulement le 4 février 2006. Julien se réfère donc à l'année 2005 pour effectuer son calcul)

La règle d'exception

Si le résultat final de votre calcul est 5 :
- ce chiffre se transforme en 8 si vous êtes une femme ;
- ce chiffre se transforme en 2 si vous êtes un homme.

Chiffres *gua* : tableau récapitulatif

Il est important de comprendre et savoir effectuer ces calculs. Toutefois, pour aller plus vite, nous vous proposons un tableau récapitulatif des chiffres *gua* par sexe et par année de naissance.

Attention ! N'oubliez pas, si vous êtes né en début d'année, de vérifier votre année de référence dans le calendrier solaire chinois (voir ci-dessus).

Et vous, quel est votre chiffre gua ? Amusez-vous à le calculer dans le cahier pratique (page 4) puis vérifiez votre résultat dans le tableau ci-dessous !

<table>
<tr><th colspan="18">Si vous êtes né(e) AVANT l'an 2000 :</th></tr>
<tr><td colspan="2">1919</td><td colspan="2">1920</td><td colspan="2">1921</td><td colspan="2">1922</td><td colspan="2">1923</td><td colspan="2">1924</td><td colspan="2">1925</td><td colspan="2">1926</td><td colspan="2">1927</td></tr>
<tr><td colspan="2">1928</td><td colspan="2">1929</td><td colspan="2">1930</td><td colspan="2">1931</td><td colspan="2">1932</td><td colspan="2">1933</td><td colspan="2">1934</td><td colspan="2">1935</td><td colspan="2">1936</td></tr>
<tr><td colspan="2">1937</td><td colspan="2">1938</td><td colspan="2">1939</td><td colspan="2">1940</td><td colspan="2">1941</td><td colspan="2">1942</td><td colspan="2">1943</td><td colspan="2">1944</td><td colspan="2">1945</td></tr>
<tr><td colspan="2">1946</td><td colspan="2">1947</td><td colspan="2">1948</td><td colspan="2">1949</td><td colspan="2">1950</td><td colspan="2">1951</td><td colspan="2">1952</td><td colspan="2">1953</td><td colspan="2">1954</td></tr>
<tr><td colspan="2">1955</td><td colspan="2">1956</td><td colspan="2">1957</td><td colspan="2">1958</td><td colspan="2">1959</td><td colspan="2">1960</td><td colspan="2">1961</td><td colspan="2">1962</td><td colspan="2">1963</td></tr>
<tr><td colspan="2">1964</td><td colspan="2">1965</td><td colspan="2">1966</td><td colspan="2">1967</td><td colspan="2">1968</td><td colspan="2">1969</td><td colspan="2">1970</td><td colspan="2">1971</td><td colspan="2">1972</td></tr>
<tr><td colspan="2">1973</td><td colspan="2">1974</td><td colspan="2">1975</td><td colspan="2">1976</td><td colspan="2">1977</td><td colspan="2">1978</td><td colspan="2">1979</td><td colspan="2">1980</td><td colspan="2">1981</td></tr>
<tr><td colspan="2">1982</td><td colspan="2">1983</td><td colspan="2">1984</td><td colspan="2">1985</td><td colspan="2">1986</td><td colspan="2">1987</td><td colspan="2">1988</td><td colspan="2">1989</td><td colspan="2">1990</td></tr>
<tr><td colspan="2">1991</td><td colspan="2">1992</td><td colspan="2">1993</td><td colspan="2">1994</td><td colspan="2">1995</td><td colspan="2">1996</td><td colspan="2">1997</td><td colspan="2">1998</td><td colspan="2">1999</td></tr>
<tr><td>H</td><td>F</td><td>H</td><td>F</td><td>H</td><td>F</td><td>H</td><td>F</td><td>H</td><td>F</td><td>H</td><td>F</td><td>H</td><td>F</td><td>H</td><td>F</td><td>H</td><td>F</td></tr>
<tr><td>9</td><td>6</td><td>8</td><td>7</td><td>7</td><td>8</td><td>6</td><td>9</td><td>2*</td><td>1</td><td>4</td><td>2</td><td>3</td><td>3</td><td>2</td><td>4</td><td>1</td><td>8*</td></tr>
</table>

<table>
<tr><th colspan="18">Si vous êtes né(e) APRÈS l'an 2000 :</th></tr>
<tr><td colspan="2">2000</td><td colspan="2">2001</td><td colspan="2">2002</td><td colspan="2">2003</td><td colspan="2">2004</td><td colspan="2">2005</td><td colspan="2">2006</td><td colspan="2">2007</td><td colspan="2">2008</td></tr>
<tr><td colspan="2">2009</td><td colspan="2">2010</td><td colspan="2">2011</td><td colspan="2">2012</td><td colspan="2">2013</td><td colspan="2">2014</td><td colspan="2">2015</td><td colspan="2">2016</td><td colspan="2">2017</td></tr>
<tr><td>H</td><td>F</td><td>H</td><td>F</td><td>H</td><td>F</td><td>H</td><td>F</td><td>H</td><td>F</td><td>H</td><td>F</td><td>H</td><td>F</td><td>H</td><td>F</td><td>H</td><td>F</td></tr>
<tr><td>9</td><td>6</td><td>8</td><td>7</td><td>7</td><td>8</td><td>6</td><td>9</td><td>2*</td><td>1</td><td>4</td><td>2</td><td>3</td><td>3</td><td>2</td><td>4</td><td>1</td><td>8*</td></tr>
</table>

* règle d'exception

Chiffres *gua* et éléments

Chaque chiffre *gua* est rattaché à un des cinq éléments, et chaque élément est emblématique de certains traits de personnalité (voir page ci-contre). Par exemple, on peut constater que les personnes dont le chiffre *gua* est 2 (associé à l'élément « terre ») sont en général responsables et loyales.

Tableau des correspondances	
Chiffre *gua*	Élément
1	eau
2	terre
3	bois
4	bois
6	métal
7	métal
8	terre
9	feu

Nous pouvons retrouver dans cette photo l'élément « bois » présent dans la branche fleurie, l'élément « feu » dans la guirlande, le plat en « terre », le « métal » par la couleur blanche de la table et l'élément « eau » dans le vase.

Le *ba zi* ou les quatre piliers de la destinée

Ce qu'illustre le feng shui de notre personnalité par le biais des cinq éléments ne représente qu'une partie de ce que peut révéler la date de naissance.

Pour une analyse beaucoup plus complète, il faut se référer à l'astrologie chinoise que l'on nomme *ba zi*.

Celle-ci indique les opportunités présentes dans le chemin de vie de chacun, en prenant en compte les caractéristiques du premier souffle (*qi*) que nous inhalons au moment de notre naissance et qui se définit par l'heure, le jour, le mois et l'année de naissance (d'où le nom des « quatre piliers »).

Les qualités associées à chaque élément

• Bois : sociable. créatif. impulsif. souple. constructif. organisé. curieux. persévérant.
Les personnes « bois » savent travailler en équipe ; elles possèdent des centres d'intérêt très variés... qu'elles doivent parfois apprendre à limiter (au risque de s'éparpiller). de même qu'à contrôler leur émotivité.

• Feu : leader. actif. ambitieux. décidé. passionné. énergique. chaleureux.
Les personnes « feu » sont attirées par l'innovation et l'aventure. Spirituelles. elles cherchent à découvrir la vérité et le sens de leur vie.
Elles ont besoin de savoir se contrôler. de modérer leur impulsivité. de maîtriser leurs émotions et de cultiver la patience.

• Terre : traditionnel. conservateur. stable. prévoyant. sérieux. organisé. loyal. responsable. diplomate.
Les profils « terre » sont des personnes qui aiment aider les autres et sur lesquelles on peut compter.
A contrario. elles peuvent faire preuve d'entêtement. de pessimisme. voire d'anxiété. mais leur grande volonté et leur persévérance leur permettent malgré tout de continuer leur chemin.

• Métal : indépendant. ambitieux. directif. persévérant. constant. tenace. puissant. déterminé.
Les personnes « métal » ne cherchent pas forcément à être aidées. aiment contrôler les événements et sont dotées d'un magnétisme naturel rassurant.
Cependant. elles peuvent être à la fois courtoises et tranchantes. tenir des propos acérés comme des lames. et se montrer parfois excessives dans leur entêtement.

• Eau : bon communicateur. diplomate. médiateur. persuasif. perspicace. adaptable. sensible. doux.
Les profils « eau » sont des personnes dignes de confiance. qui font preuve d'ouverture d'esprit et qui savent influencer les autres pour obtenir leur soutien.
Cependant. elles doivent parfois veiller à ne pas être trop conciliantes et passives.

Orientations favorables et défavorables

Plus on séjourne longtemps dans un lieu, plus on reçoit les énergies qui y circulent, qu'elles soient négatives ou positives. Pour capter au mieux ces dernières, vous devez vous positionner et vous orienter de la meilleure façon possible à l'intérieur de votre habitat (cela vaut aussi pour les autres lieux où vous passez du temps).

Ces énergies sont ainsi en lien avec les huit directions définies grâce à la boussole et reliées à votre chiffre *gua*. À chaque chiffre correspond en effet quatre orientations favorables (= bénéfiques pour la personne) et quatre orientations défavorables (= à éviter car problématiques pour la personne).

Ces orientations classent les énergies selon qu'elles vont agir positivement ou négativement sur un aspect de la vie de la personne concernée (la santé, la vie professionnelle, la sphère privée...).

• **Les orientations favorables concernent :**
- la réussite, la croissance : ☼ ☼ ☼ ☼
- la santé, la protection : ☼ ☼ ☼
- l'amour, l'entente : ☼ ☼
- l'harmonie, la stabilité : ☼

• **Les orientations défavorables concernent :**
- les petits tracas : ☁
- les problèmes en tous genres : ☁☁
- la violence, l'agression : ☁☁☁
- l'échec, le désastre : ☁☁☁☁

Les quatre derniers termes (violence, agression, échec et désastre) peuvent paraître forts, mais ils sont la traduction la plus proche des idéogrammes chinois ; ceux-ci exprimant plus une idée qu'un mot, il est souvent difficile de les ramener à un seul terme.

Position, orientation, comment faire la différence ?

Le terme de « positionnement » désigne l'emplacement choisi dans le lieu pour se placer, s'installer.

L'« orientation » indique la direction à laquelle on fait face. Si vous êtes en position assise, elle correspond à ce que vous regardez ; si vous êtes en position allongée, elle correspond à ce que le sommet de votre crâne « reçoit ».

L'analyse de votre lieu et le cahier pratique, vous permettront de maîtriser parfaitement ces données et de les manier au mieux chez vous.

Les huit orientations de chaque chiffre *gua*

Les chiffres *gua* se répartissent en deux groupes : le groupe Est et le groupe Ouest. Les chiffres *gua* d'un même groupe ont les mêmes orientations bénéfiques ou à éviter, mais pas pour les mêmes aspects de leur vie.

Par exemple, le chiffre 1 et 9 du groupe Est ont tous les deux le sud pour orientation bénéfique, mais pour le chiffre 1, elle correspond à celle de l'amour, tandis que pour le chiffre 9, elle correspond à celle de l'harmonie.

Parmi les directions, celle qui correspond à l'harmonie est à privilégier car c'est elle qui apporte la qualité d'énergie la plus en accord avec son chiffre *gua*.

Pour repérer facilement vos directions par rapport à votre chiffre *gua*, nous vous proposons une « roue des orientations », pour une réponse en un clin d'œil (voir page 59) !

Chiffre *gua* et carré *luo shu*

Divisé en neuf cases égales, le carré *luo shu* (que nous avons découvert page 41) permet de repérer facilement l'emplacement de son chiffre *gua* et d'y associer une orientation et un élément.

En observant le carré *luo shu*, vous constatez par exemple que, si vous êtes de chiffre gua 8, votre énergie est particulièrement en affinité avec le nord-est, et que si vous êtes de chiffre *gua* 4, elle le sera avec le sud-est.

4 sud-est bois	9 sud feu	2 sud-ouest terre
3 est bois	5 centre terre	7 ouest métal
8 nord-est terre	1 nord eau	6 nord-ouest métal

Cet emplacement est à privilégier : on le nomme le « palais de vie » et il correspond à l'énergie de l'harmonie (comme indiqué dans le tableau de correspondance du chiffre *gua*). En feng shui, le positionnement ainsi que l'orientation correspondant à votre place dans le carré *luo shu* est à privilégier car c'est celui qui apporte la qualité d'énergie la plus en accord avec votre chiffre gua.

On remarque aussi que le chiffre 5 est situé au centre du carré *luo shu* : en effet, il représente le cœur d'une habitation et non une orientation. C'est d'ailleurs pourquoi, comme on l'a vu lors du calcul du chiffre *gua*, il n'est pas attribué en tant que tel, mais se transforme en 2 pour les hommes et en 8 pour les femmes (voir « Le chiffre gua », page 42).

Groupe Est

	Groupe Est				
	Chiffre *gua*	1	3	4	9
	Directions favorables				
	Réussite / croissance	S-E	S	N	E
	Santé / protection	E	N	S	S-E
	Amour / entente	S	S-E	E	N
	Harmonie / stabilité	N	E	S-E	S
	Directions défavorables				
	Petits tracas	O	S-O	N-O	N-E
	Problèmes en tous genres	N-E	N-O	S-O	O
	Violence/agression	N-O	N-E	O	S-O
	Echec/désastre	S-O	O	N-E	N-O

Reportez votre propre roue des orientations dans le cahier pratique (page 6).

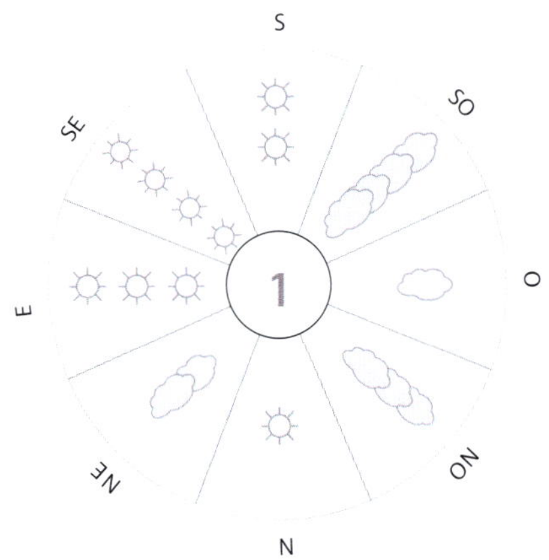

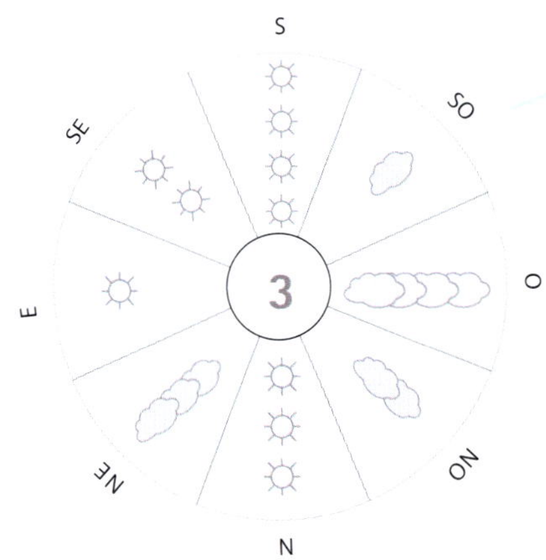

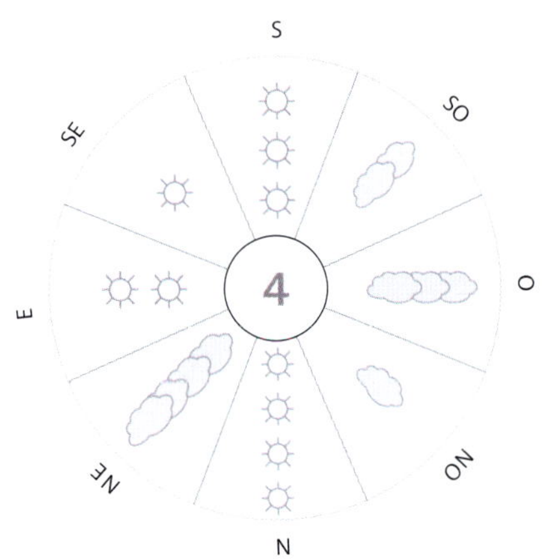

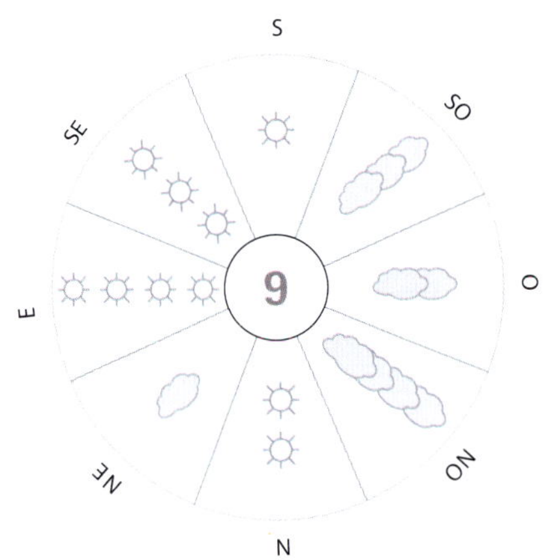

Groupe Ouest

	Groupe Ouest				
	Chiffre *gua*	2	6	7	8
	Directions favorables				
☼ ☼ ☼ ☼	Réussite / croissance	N-E	O	N-O	S-O
☼ ☼ ☼	Santé / protection	O	N-E	S-O	N-O
☼ ☼	Amour / entente	N-O	S-O	N-E	O
☼	Harmonie / stabilité	S-O	N-O	O	N-E
	Directions défavorables				
☁	Petits tracas	E	S-E	N	S
☁☁	Problèmes en tous genres	S-E	E	S	N
☁☁☁	Violence/agression	S	N	S-E	E
☁☁☁☁	Échec/désastre	N	S	E	S-E

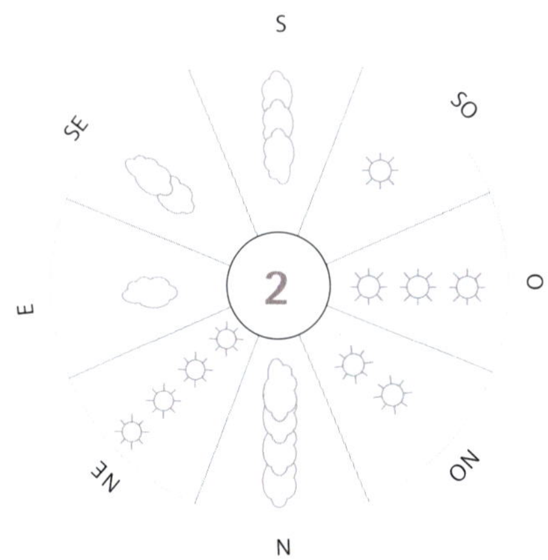

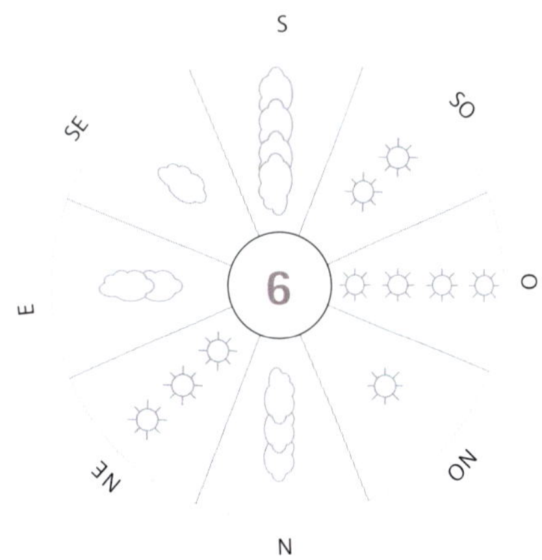

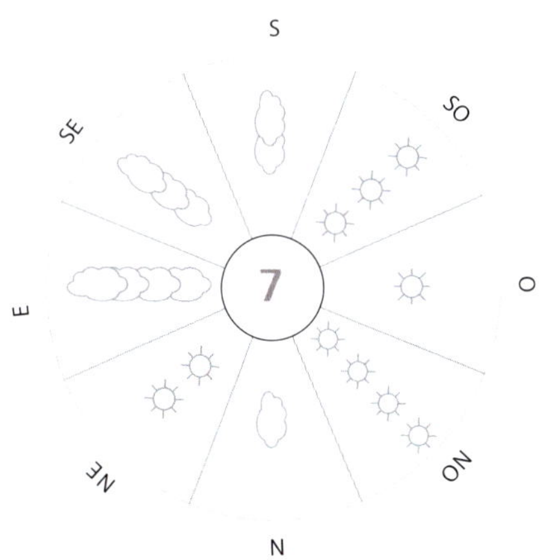

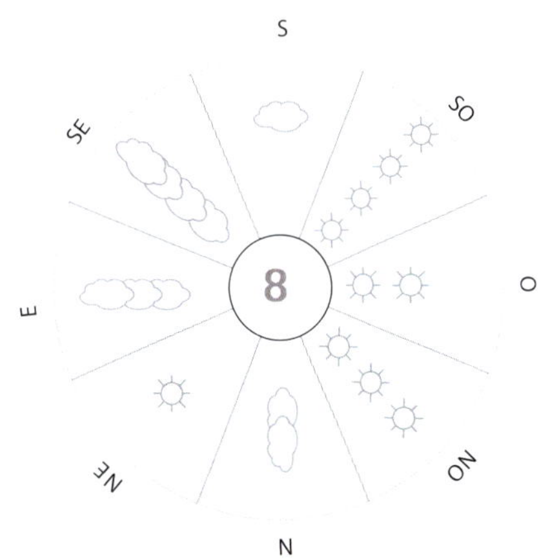

Le plan

Le plan est l'outil qui permet d'apprivoiser sa maison. C'est une étape indispensable à la compréhension de ce que recèle votre intérieur.

À la recherche des neuf palais

Lors de la réalisation de votre plan, il est primordial de prendre en compte les huit directions utilisées en feng shui (*voir « La boussole », page 34*) : sud, sud-ouest, ouest, nord-ouest, nord, nord-est, est et sud-est.

Une fois votre plan tracé, la méthode est de l'inscrire dans un cadre se rapprochant le plus possible d'un carré (ou d'un rectangle) et de le diviser en neuf zones, pour les huit directions. Il faut également ajouter une zone au centre, qui symbolise le cœur de la maison.

palais du **sud-est**	palais du **sud**	palais du **sud-ouest**
palais de **est**	palais du **centre**	palais de **ouest**
palais du **nord-est**	palais du **nord**	palais du **nord-ouest**

Pourquoi cette recherche du carré ?

Parce que, en feng shui, notre lieu de vie est considéré comme un microcosme dont rien ne doit dépasser. Pour cela, il faut contenir ce mini-univers dans la forme qui symbolise l'équilibre : le carré ou le rectangle, sa forme la plus proche.

Une fois cette figure réalisée et divisée, vous obtenez un plan quadrillé de neuf secteurs : ce sont les neuf palais de sa maison. Lorsque le plan n'est pas de forme simple (par exemple, si le logement est en L ou en U), la figure comporte automatiquement des espaces vides : on les appelle « les espaces manquants » (*voir plus loin*).

Enfin, reportez tout autour du plan l'orientation des quatre côtés de la maison, ainsi que celle des quatre angles. Vous pouvez alors, en toute facilité, situer les palais du Sud, du Sud-Ouest, de l'Ouest, du Nord-Ouest, du Nord, du Nord-Est, de l'Est, du Sud-Est et, le neuvième, le palais du Centre.

Concrètement, à quoi peut ressembler mon plan ?

À celui de Claire, de forme simple ?

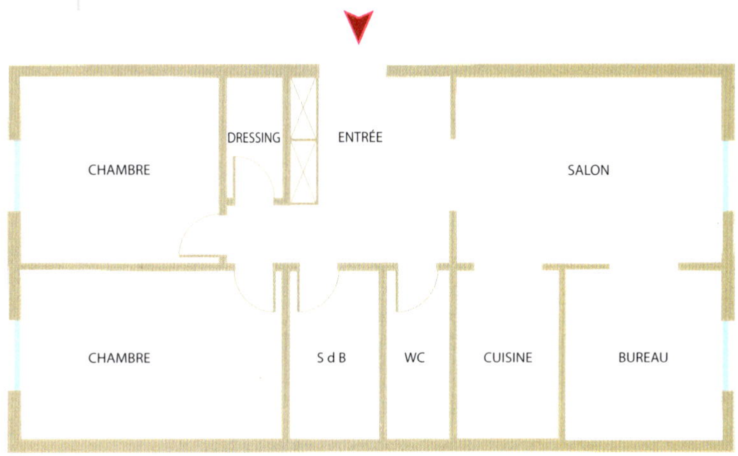

Ou à celui, moins évident, de François, qui comporte des espaces manquants ?

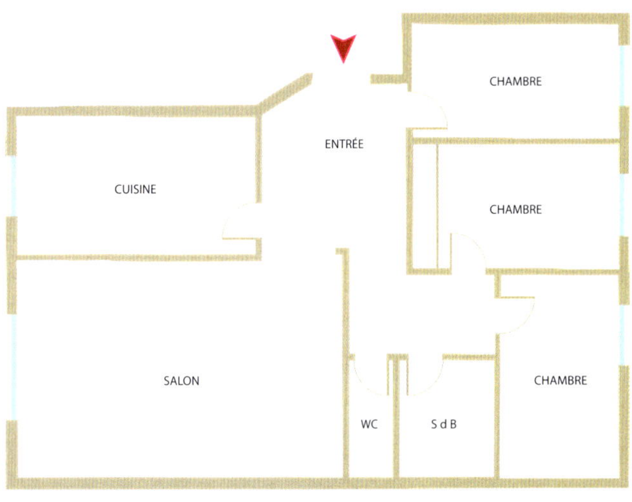

Ou bien encore à celui d'Emma, plus complexe ?

Dans ce cas, je dois prendre en compte la superficie la plus grande, généralement celle située au rez-de-chaussée. Une fois tracé le carré ou le rectangle de ce rez-de-chaussée, je reproduis cette même figure et j'y intègre les contours de mon étage ainsi que les espaces manquants.

Chaque étage fera ensuite l'objet d'une analyse séparée.

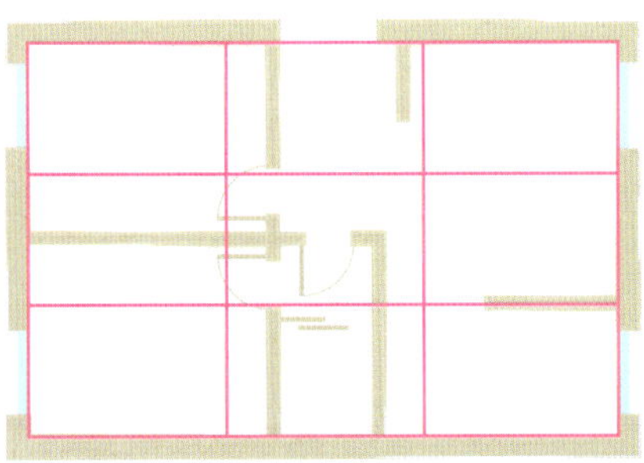

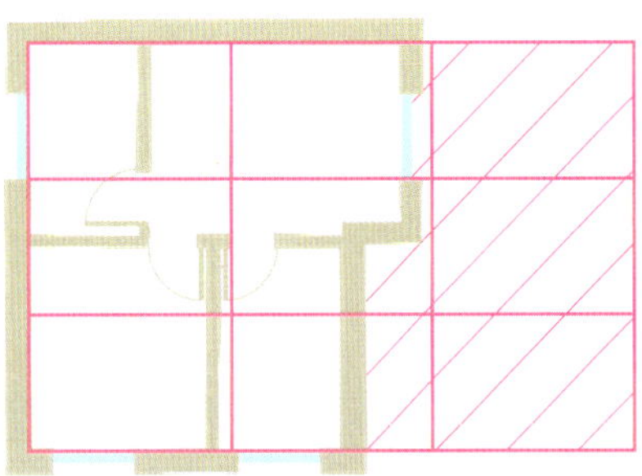

Que dois-je faire pour un balcon ou une terrasse ?

Seuls sont à prendre en compte les espaces fermés et habités, qui possèdent un sol, des murs, un toit. Terrasses et balcons sont des espaces ouverts : ils ne seront donc pas inclus au plan, sauf s'ils sont transformés, par exemple, en véranda fermée.

Dois-je appliquer la même règle à un garage ou à une dépendance mitoyenne de ma maison ?

Oui, car si cette fois l'espace est fermé, il abrite une voiture ou des outils, et non des personnes : il n'est pas réellement habité et n'a donc pas sa place dans le plan. En revanche, s'il est transformé en pièce à vivre (bureau, chambre...), il doit bien sûr être intégré au plan.

Prenez le temps de vous familiariser avec ces exemples, puis lancez-vous dans le tracé de votre propre plan grâce au cahier pratique (page 8) et à la grande feuille de papier millimétré que nous vous fournissons.

Renseigner le plan

La forme du plan et son orientation sont des données propres au lieu : quelles que soient les personnes qui y vivront, ces aspects resteront les mêmes.

L'étape suivante consiste donc à y ajouter les données personnelles des habitants. Dans le cas d'une famille, on prendra en compte celles des parents : les adultes sont ceux sur qui les enfants peuvent s'appuyer (*voir encadré ci-contre*).

Lorsqu'on a besoin d'étudier spécialement le cas d'un enfant, ses données personnelles peuvent être ajoutées sur le plan. Mais en principe, l'analyse est réalisée dans sa chambre car cet espace est pour lui son abri, sa « maison à lui ».

Pour cela, indiquez sur le plan, en fonction du chiffre *gua* de chacun, les quatre palais correspondant aux énergies favorables des habitants de la maison. Par exemple, pour le chiffre *gua* 7, la direction du *sud-ouest* est favorable (santé) : le palais se situant au *sud-ouest* est donc favorable.

Par déduction, on comprend que les quatre autres palais sont des emplacements défavorables.

- **Le palais de vie** correspond à l'énergie de l'harmonie. En référence au carré *luo shu* et au chiffre *gua*, c'est dans ce palais que réside l'énergie la plus en affinité avec soi-même. Pour chacun, il doit donc être bien repérable sur le plan.

Un secteur manquant (ou en partie manquant) doit également être annoté sur le plan.

Ensemble, complétons le plan de François et Lucie

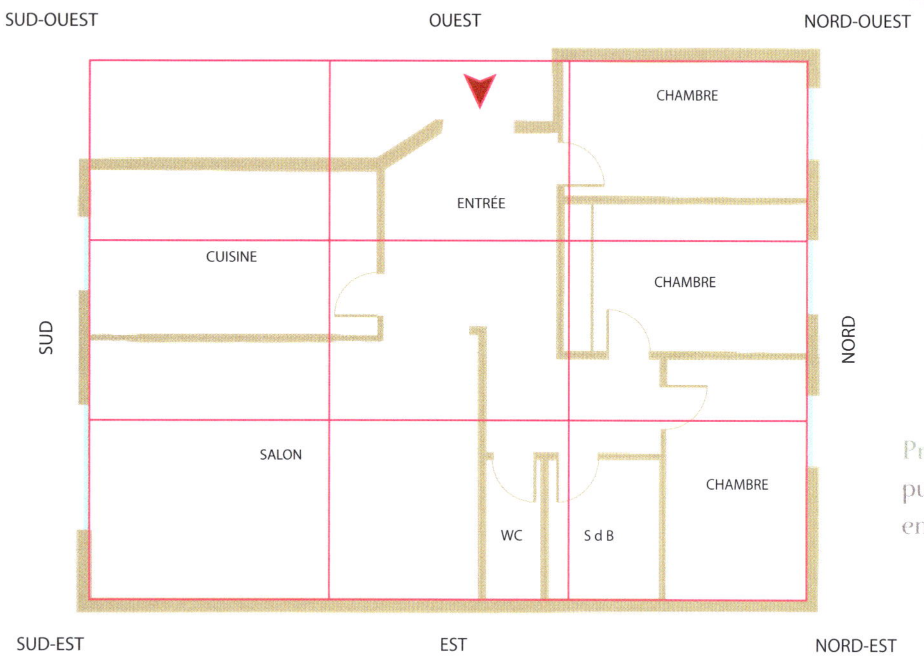

Première étape : leur plan est dessiné, puis contenu dans un cadre divisé en neuf palais.

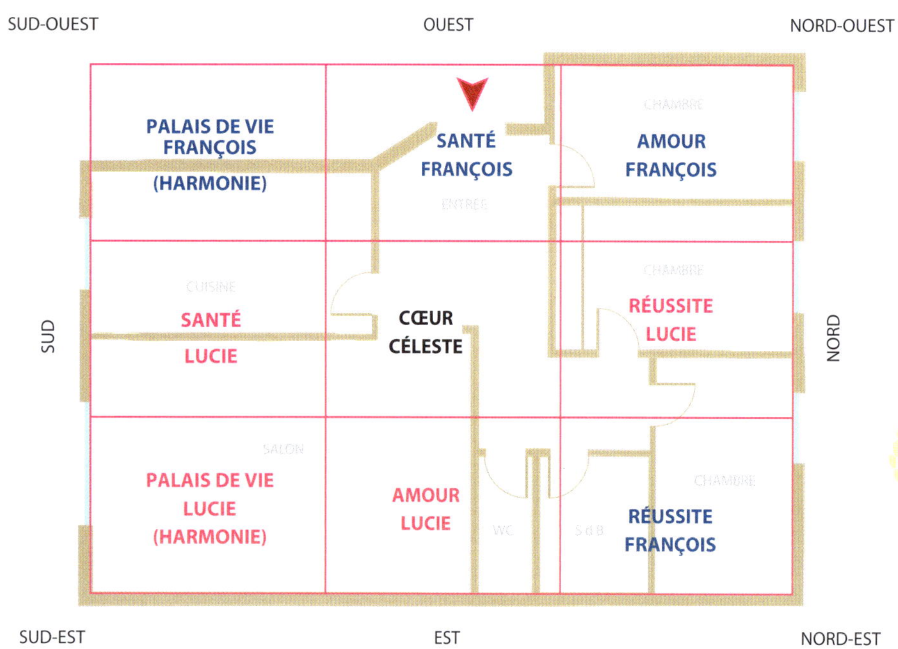

Deuxième étape : le plan est complété par tous leurs secteurs favorables.

Maintenant, à vous de renseigner votre propre plan en vous référant au cahier pratique. *(page 9).*

	François	Lucie
date de naissance	2-4-1959	16-6-1962
chiffre *gua*	2	4
Palais favorables		
Réussite	nord-est	nord
Santé	ouest	sud
Amour	nord-ouest	est
Harmonie	sud-ouest	sud-est
Palais défavorables		
Petits tracas	est	nord-ouest
Problèmes	sud-est	sud-ouest
Violence	sud	ouest
Échec	nord	nord-est

Les espaces manquants

Lorsque, sur un plan, un espace est manquant, l'énergie qui aurait dû y prendre place va également être manquante. Cela peut-être une bonne ou une mauvaise chose.

• **Si ce manque correspond à un palais défavorable,** il devient un atout puisque l'habitation écarte de la personne l'énergie liée à cette problématique.

• **Si cet espace manquant correspond à un palais favorable,** l'énergie de celui-ci lui fera défaut, ce qui est particulièrement ennuyeux s'il s'agit du palais de vie.

Cela peut alors indiquer que la personne en question aura du mal à trouver sa place au sein de sa propre maison, et expliquer certaines difficultés rencontrées depuis un emménagement. Compenser ces manques par une bonne orientation est l'un des objectifs à atteindre.

Ensemble, repérons les espaces manquants du plan de François et Lucie

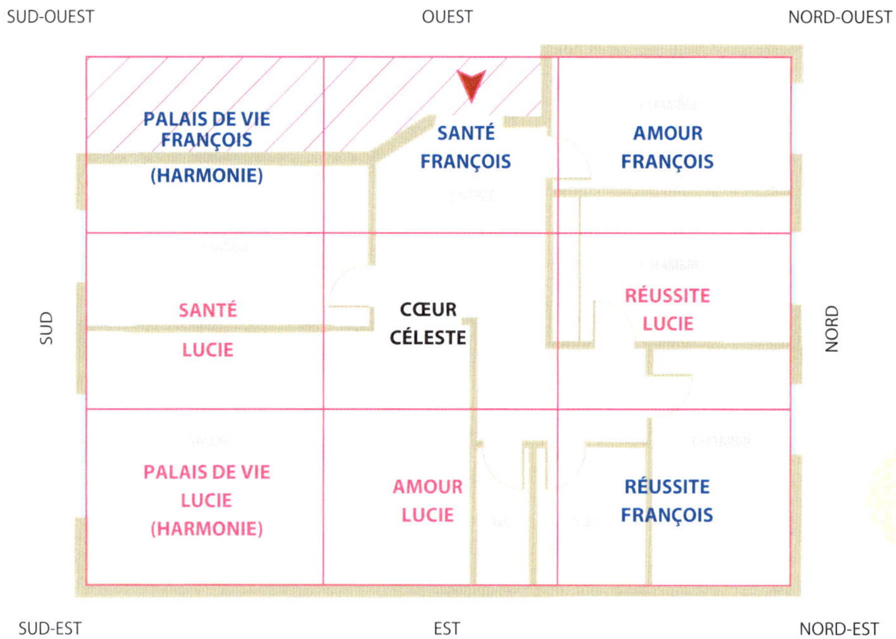

Troisième étape : leur plan est hachuré à l'intérieur du cadre où ne figure pas de pièce, afin de visualiser les espaces manquants.

espace manquant

Espaces manquants	François	Lucie
au sud-ouest	palais de vie harmonie	problèmes
à l'ouest	santé	violence

Et vous, que montre votre plan ? Reportez-vous au cahier pratique (pages 11 et 13 : « J'observe mon plan » et « J'évalue mon lieu en fonction de mes données personnelles »).

Décortiquons ces données

Un espace est en partie manquant au sud-ouest

Le palais de vie de François est en partie absent, ce qui peut signifier qu'il aura plus de mal que Lucie à se sentir bien dans leur maison.

Pour Lucie, cet espace correspond à un palais défavorable, celui qui touche les problèmes : l'énergie associée étant manquante, le lieu ne favorisera pas la survenue de soucis et complications, ce qui est une bonne chose pour elle.

Un espace est manquant à l'ouest

Cet espace en partie manquant signifie que François peut manquer de ce soutien énergétique dans sa maison s'il rencontre des problèmes de santé.

Pour Lucie, cela peut traduire le fait qu'elle sera moins sujette à se connecter à son agressivité, et donc moins sujette également à l'exprimer aux autres.

La « roue feng shui », un outil inédit et facile à manier

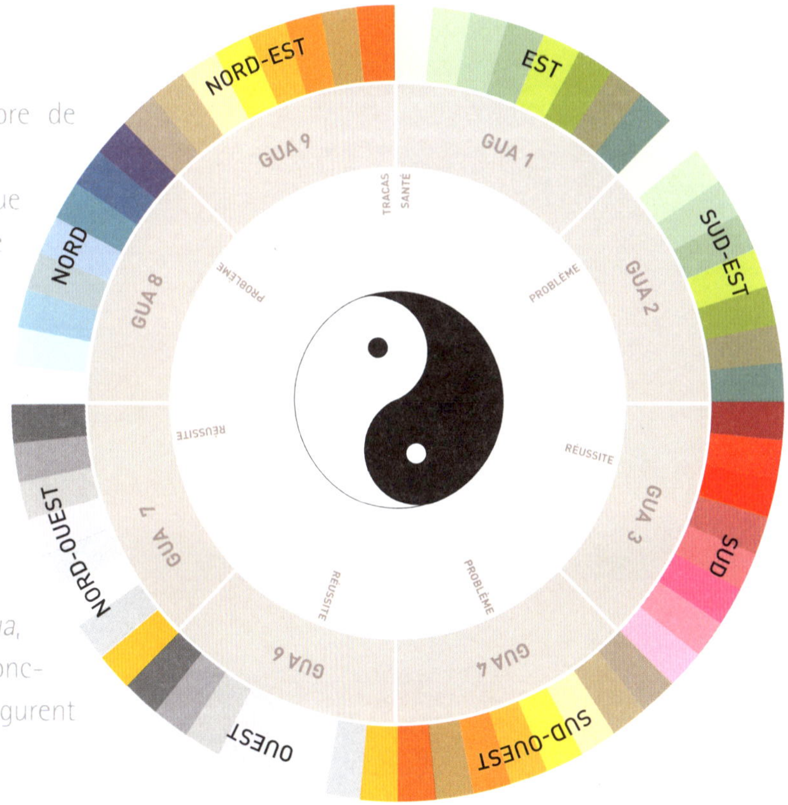

Le feng shui implique de manier un certain nombre de données et de tableaux d'apparence parfois complexe. Pour vous faciliter les choses, nous avons créé une « roue feng shui » inédite, qui vous servira en quelque sorte d'outil de synthèse pour trouver en un seul coup d'œil, deux types d'information sur un même support :

- **Pour votre maison :** elle permet de retrouver rapidement la gamme couleur associée à chacun des points cardinaux (voir « *Les cinq éléments et la couleur* », page 31). Ce sont les informations qui figurent sur le grand plateau.
- **Pour vous :** elle indique, par rapport à votre chiffre *gua*, la nature de l'énergie (favorable ou défavorable), en fonction d'une orientation. Ce sont les informations qui figurent sur le petit plateau.

Comment l'utiliser ?

Vous souhaitez apporter de la couleur dans votre salon qui se situe au NE de votre maison ? En regardant la section NE du grand plateau, vous pourrez faire votre choix à partir de la palette proposée.

Vous souhaitez savoir si une orientation vous est favorable ou non ?
Faites correspondre votre chiffre *gua* à l'orientation choisie.
Par exemple, vous êtes de chiffre *gua* 6 et vous souhaitez savoir si vous pouvez orienter votre lit vers le sud ? Il suffit pour cela de tourner le petit plateau afin de faire coïncider votre chiffre *gua* (le 6) avec la direction choisie (le sud). Vous pourrez ainsi découvrir que cette direction ne vous est pas favorable, puisqu'il s'agit de celle de l'échec.
En revanche, le nord-ouest est une orientation favorable pour votre lit, la direction de la santé.

La « roue feng shui » vous permet d'avoir à portée de main un outil qui reprend de manière pragmatique les directions favorables et les couleurs à privilégier dans votre lieu.

Le feng shui pièce par pièce

Les différents principes et outils que nous venons d'aborder ensemble vont maintenant vous permettre de commencer concrètement l'analyse de votre lieu.
En appliquant ces règles, vous allez pouvoir optimiser la circulation du *qi*, choisir les meilleurs emplacements et trouver pour chaque pièce l'agencement approprié.

L'entrée

La vitalité de tout habitat dépend étroitement de ce qui se passe à l'entrée : celle-ci revêt une fonction essentielle en feng shui, où elle prend le nom éloquent de « bouche du *qi* ». C'est effectivement par la porte que le *qi* de l'extérieur passe, apportant avec lui toutes les influences de l'environnement.

Soigner les abords

Pour évaluer la qualité du *qi* qui « nourrit » votre lieu de vie, l'étape primordiale est d'observer rigoureusement ce qui se passe avant le passage de la porte. Pour une maison, il s'agit des espaces extérieurs (cour, jardin, rue...) ; pour un appartement, le palier ou la cage d'escalier.

Le flux du *qi* de l'entrée influence directement la capacité à faire régner, dans l'habitation, l'harmonie pour ses habitants. Le principe est de permettre au *sheng qi* (énergie favorable) d'y passer au maximum et de réduire l'impact du *sha qi* (énergie défavorable).

La partie extérieure, pour être traitée, demandera peut-être un peu de temps, mais elle est une étape essentielle aux résultats escomptés.

Si vous vivez dans une maison

L'idéal est de disposer d'un espace libre à l'extérieur où le *qi* peut s'accumuler en une sorte de « réserve » avant d'entrer chez vous.

Il est également préférable que la porte d'entrée se situe au niveau du sol : cela fait un obstacle en moins au *qi* et facilite son accès à la maison.

Enfin, n'entreposez pas les poubelles à côté de la porte d'entrée principale, le *qi* s'en imprégnerait et en serait altéré.

Si vous vivez en appartement

Vérifiez la propreté des parties communes et changez les ampoules lorsqu'elles sont grillées. En effet, le manque de lumière occasionne une perte de vitalité du *qi*, primordiale à cet endroit.

Aérez régulièrement le palier s'il bénéficie d'une fenêtre car l'air est rapidement vicié dans les espaces fermés, ce qui altère le *qi*.

N'obstruez pas le passage du *qi* par l'accumulation de poussettes, de trottinettes ou de vélos, et n'y entreposez pas vos sacs-poubelle.

L'entrée idéale

Passons maintenant en revue l'intérieur...

La taille de la porte

Pour respecter les règles du *qi*, la taille de la porte doit être en rapport avec celle de la maison ou de l'appartement. Une porte trop petite par rapport à la dimension de la maison ne permettra pas de faire pénétrer une quantité suffisante de *qi*. À l'inverse, une maison de petite taille avec une porte trop grande n'aura pas la capacité à gérer ce flux trop important de *qi*.

Enfin, son ouverture ne doit pas être entravée par une accumulation d'objets, ni gênée par un compteur placé derrière.

L'emplacement

Afin de préserver le *qi*, les toilettes ou la salle de bains ne doivent pas se trouver juste en face de la porte d'entrée. En effet, le qi est attiré par l'eau. Souvenez-vous que le mot Feng signifie « vent » et le mot Shui « eau », le vent transportant le *qi*, l'eau le stabilisant (*voir page 39*). Dans les pièces d'eau, le *qi*, en rencontrant l'eau, est rapidement évacué par la chasse d'eau ou les canalisations.

On rencontre pourtant, très souvent, les toilettes face à la porte d'entrée : la solution est alors de veiller à toujours maintenir la porte fermée. Il n'est pas bon non plus d'avoir dans sa continuité des escaliers, un long couloir ou une fenêtre : le *qi* s'y engouffrerait sans avoir le temps de déposer ses bienfaits dans l'entrée.

La décoration

Avant tout, cette pièce doit être rangée et vidée du superflu, pour ne pas ralentir la circulation du *qi*.

Pour vous y aider, préférez un meuble fermé pour les manteaux et les chaussures. Votre entrée vous paraîtra ainsi toujours nette et son entretien gagnera en simplicité.

Privilégiez les couleurs joyeuses, car elles influenceront positivement votre humeur et celle de vos invités lorsqu'ils entreront chez vous

Enfin, un très bon éclairage (en qualité et en quantité) permettra de maintenir une énergie *yang*.

Quel casse-tête parfois de chercher à faire beau et pratique, surtout si la famille est nombreuse et que chacun s'approprie ce lieu à sa manière !

L'astuce est de commencer par observer les petites manies/habitudes des uns et des autres. Pourquoi l'un pose son manteau et ses chaussures ici, tandis qu'un autre les abandonne là ?

Ensuite, il faut se poser de manière instinctive la question suivante : « Quand je rentre chez moi, où ai-je envie de poser mes affaires ? »

Enfin, il convient de s'interroger sur la configuration actuelle de son entrée. Notamment, le mobilier est-il adapté ? Mieux vaut commencer par organiser la pièce de manière pratique ; l'esthétique viendra ensuite. Par exemple, accrochez un portemanteau accessible aussi bien aux adultes qu'aux enfants, définissez précisément l'endroit pour déposer les chaussures, poser les clés, les sacs...

En fonction du chiffre *gua*

L'entrée doit se situer dans un bon palais, et la porte être dirigée vers une des quatre directions favorables.

Pour analyser votre entrée, référez-vous au cahier pratique (page 14).

Et lorsqu'il n'y a pas d'entrée ?

L'entrée est une pièce importante car elle joue le rôle d'un sas entre l'extérieur et l'intérieur, où le *qi* venu de l'extérieur doit s'amasser avant de se répartir dans l'habitation.

Quelle que soit la taille de votre maison ou appartement, il est toujours possible de recréer cet espace même s'il n'existe pas. Voici quelques idées :

Oh, mon beau miroir, es-tu bien placé ?
Oui, car je ne suis pas en face de la porte !

ajouter un paravent ou quelques plantes, pour cloisonner l'espace...

installer un meuble judicieusement placé, pour donner l'illusion d'une entrée...

pour les toutes petites surfaces, fixer simplement une tringle en demi-cercle autour de la porte et y suspendre un rideau, pour reconstituer un sas.

JEUDI
VENDREDI
SAMEDI
DIMANCHE

La chambre

En feng shui, la chambre est l'une des pièces maîtresses de la maison. De fait, c'est dans cet espace que l'on séjourne le plus longtemps. On s'y repose et on y passe la nuit, ce qui signifie que l'on s'expose, plusieurs heures durant, à des énergies plus ou moins favorables.

L'objectif principal sera donc de positionner le lit afin que le ou les dormeurs reçoivent les meilleures influences possibles et bénéficient d'un sommeil vraiment réparateur.

La chambre idéale

Au-delà de tout ce qui concerne le lit, la chambre doit évoquer ce pour quoi elle est faite : le repos et l'intimité pour chaque membre de la famille.

Elle doit aussi, pour le couple, favoriser l'échange et la relation amoureuse ; pour l'enfant, créer un sentiment de sécurité, de cocon protégé ; et pour les personnes âgées, une atmosphère tranquille, propice à l'apaisement...

C'est la raison pour laquelle intervient ici la notion de pièce *yin* ce dernier étant en relation avec le calme, le sentiment, l'amour, la protection, la santé...

La forme de la pièce

Elle doit être la plus proche possible du carré, cette figure symbolisant l'équilibre et la stabilité.

L'emplacement

Elle doit être éloignée de la cuisine.

La porte ne doit pas se trouver en face des toilettes ou de la salle de bains : en effet, les fonctions de ces pièces étant diamétralement opposées, leurs énergies ne doivent pas se mêler.

Enfin, la salle de bains, entraînant une perte de *qi*, ne doit pas se trouver dans la chambre.

L'agencement

La fenêtre ne doit pas faire directement face à la porte pour que le *qi* ne s'échappe pas à l'extérieur à peine entré dans la pièce.

Le lit ne doit pas se trouver face à la porte ou entre la porte et la fenêtre.

Ne placez pas le lit sur ou sous une mezzanine : le plafond trop proche compresse le *qi* et vous auriez la sensation d'être confiné dans votre espace de sommeil. Pour les mêmes raisons, évitez les pièces mansardées et les poutres, le *qi* se retrouvant également comprimé sous ce type de batis.

La décoration

Choisissez des couleurs douces et apaisantes (pastels), avec une pointe de couleur plus tonique (vive ou chaude), pour obtenir un bon équilibre yin/yang (*voir « Le yin et le yang », page 22*).

Vrai ou faux ?

L'eau est interdite dans la chambre : vrai et faux

L'eau serait interdite dans la chambre car elle aurait des répercussions négatives sur la relation amoureuse... Évidemment, cette affirmation (que l'on peut hélas lire dans de nombreux ouvrages !) est fausse.

Il est vrai, en revanche, que le bruit d'une fontaine ou d'un aquarium aura forcément un impact sur la tranquillité du sommeil. L'eau en mouvement, même si elle peut avoir des vertus apaisantes le temps d'une sieste, disperse un *qi* de nature *yang*, ce qui n'est pas compatible avec la nature *yin* de la pièce.

Pour un couple, poser deux matelas l'un à coté de l'autre sur un sommier n'est pas un bon présage : faux

Avoir deux matelas sur un même sommier ne veut en aucun cas dire que des conjoints se coupent l'un de l'autre ! Cela peut même leur permettre une meilleure entente, en leur donnant la possibilité de mieux dormir.
En revanche, il est important d'avoir un matelas en bon état, car c'est un élément indispensable à un sommeil profond et réparateur.

Veillez à ce que le *qi* circule sans entrave, pour ne pas le ralentir : optez pour des meubles fermés, choisissez des tables de nuit aux formes arrondies (les angles saillants rendent le *qi* agressif). Pour le maintenir dans la pièce, installez des rideaux, stores ou voilages aux fenêtres.

Enfin, puisque la chambre est la pièce où l'on passe beaucoup de temps, faites-vous plaisir en la décorant avec des objets que vous aimez tout particulièrement.

En fonction du chiffre *gua*

Il faut installer sa chambre dans un bon palais et orienter son lit dans l'une de ses quatre directions favorables, en privilégiant (dans l'ordre) : l'harmonie, la santé, l'amour, la réussite. Attention, la direction de la réussite peut provoquer, chez certaines personnes, une excitation entraînant un sommeil qui ne sera pas réparateur.

L'extérieur influençant la qualité des énergies de l'intérieur, il est important d'observer ce qui se passe par la fenêtre. Si des structures « coupantes », des arbres morts ou de nombreux poteaux font partie du paysage, il sera important de bloquer leur mauvaise influence ; placez un écran devant la fenêtre (rideaux, stores, plantes...).

Certains objets peuvent favoriser la relation amoureuse : faux

Un couple de canards mandarins (symbolique chinoise) ou de dauphins, faisant allusion à des couples d'animaux ne se séparant jamais, ou encore des cœurs de toutes sortes, si mignons soient-ils, ne favoriseront aucunement la rencontre ou la relation amoureuse. Certaines personnes les utilisent pour les aider à matérialiser ou projeter un désir, mais ils ne sont nullement recommandés par les préceptes du feng shui.

Seules les préconisations que vous trouverez dans les pages suivantes sur la chambre du couple, concernant le choix de la chambre et l'orientation du lit, aideront à vous relier à l'énergie pouvant vous soutenir dans le domaine de l'amour.

Le miroir entraînerait l'arrivée d'une troisième personne dans le couple : faux

Un miroir positionné face au lit ne va absolument pas entraîner l'arrivée d'une troisième personne dans le couple. En revanche, cela va activer le *qi* et provoquer une excitation des flux de la chambre ne favorisant pas un bon repos.

Oh, mon beau miroir, es-tu bien placé ? Oui, lorsque je ne suis pas en face du lit, de la porte ni de la fenêtre !

HARMONIOUS HOME
STYLE

La chambre du couple

C'est dans la chambre du couple que la notion d'équilibre prend tout son sens, le principe étant d'essayer de ne pas privilégier une personne par rapport à l'autre.

Quand deux personnes sont de même groupe (soit Est, soit Ouest), le choix de la chambre est simple, car ils ont quatre options possibles : leurs quatre bons palais (même si ces palais ne leur apporteront pas le même type de bienfaits).

Dans tous les cas, il n'est pas souhaitable d'aménager sa chambre dans un palais qui soit défavorable à l'un ou à l'autre.

Si plusieurs options sont possibles, il faut choisir le palais en fonction d'un besoin prioritaire de l'une des personnes du couple. Par exemple, si l'un est en manque de stabilité, la pièce qui correspond à son palais « harmonie et stabilité » va le soutenir dans son bien-être général.

Quel que soit l'emplacement de la chambre, orientez le lit vers l'une des quatre directions favorables. Si une des personnes du couple rencontre plus de difficultés que l'autre, c'est elle qu'il faut privilégier.

- Un manque de confiance, des incertitudes se font ressentir ? Orientez la tête de lit vers la direction « harmonie et stabilité ».

- Des problèmes de santé persistent ? Orientez la tête de lit vers la direction « santé ».

- Des freins concernant le domaine professionnel se manifestent ? Orientez la tête de lit vers la direction « réussite ».

Pour analyser votre chambre, référez-vous au cahier pratique (page 20).

Il n'est pas toujours facile de trouver la bonne orientation quand les conjoints n'appartiennent pas au même groupe.

Sachez que l'orientation retenue pour le lit est un moyen de remédier à une problématique spécifique et/ou de permettre de trouver le juste équilibre pour chacun.

Imaginez Laura (de chiffre gua 4, groupe Est), et Maxime (de chiffre gua 2, groupe Ouest) : quelle direction vont-ils choisir pour placer leur lit ?

Retenir une direction favorable pour l'un signifie aussi adopter une orientation défavorable pour l'autre ! Le compromis se trouve dans le choix de l'orientation des « petits tracas » pour l'un d'entre eux. En effet l'énergie des « petits tracas » est la plus faible des quatre directions défavorables : ses effets seront minimes.

Dans le cas de Laura et de Maxime, le compromis à retenir correspond à deux orientations possibles : le nord-ouest ou l'est.

	Laura 4 (Est)	Maxime 2 (Ouest)
réussite	nord	nord-est
santé	sud	ouest
amour	est	nord-ouest
harmonie	sud-est	sud-ouest
petits tracas	**nord-ouest**	**est**
problèmes	sud-ouest	sud-est
violence	ouest	sud
échec	nord-est	nord

D'une manière générale, il est bien entendu très favorable pour le couple de se positionner ou de s'orienter vers sa direction « amour ».

Mais qui favoriser ? Maxime, en choisissant le nord-ouest, orientation qui soutient son énergie liée à l'amour ? Ou Laura, en retenant l'est ?

Plusieurs facteurs vont être pris en compte pour les aider à faire le bon choix.

• Le palais qui correspond à la chambre est-il favorable à Maxime ou à Laura ?

S'il correspond, par exemple, à un bon palais pour Maxime, le lit sera orienté plus favorablement pour Laura.
C'est donc la direction de l'est (« petits tracas » pour Maxime et « amour » pour Laura) qui sera retenue.

• La prise en compte de troubles spécifiques : par exemple, l'un d'entre eux rencontre-t-il des problèmes de sommeil, de santé ?

Dans ce cas, on privilégiera ce dernier en orientant le lit dans sa direction favorable et, pour l'autre, dans la direction « petits tracas ». Par exemple, s'il faut favoriser Maxime plutôt que Laura, leur lit sera orienté au nord-ouest (« amour » pour Maxime et « petits tracas » pour Laura).

La chambre une personne

Aménager sa chambre quand on vit seul est plus simple que lorsqu'on vit à deux, car il n'y a alors qu'un chiffre *gua* à prendre en compte.

Pour analyser votre chambre, référez-vous au cahier pratique (page 26).

Lorsque c'est possible, il convient de choisir la pièce de son palais de vie (rappel : le palais de vie est celui de l'harmonie, emplacement de son chiffre *gua*) ou l'un des trois autres palais favorables. Évitez les palais défavorables, à l'exception du palais « petits tracas », qui reste acceptable mais pas idéal.

Si plusieurs options sont possibles, choisissez le palais en fonction de vos besoins. Par exemple, la pièce qui correspond au palais « santé » va vous aider à combattre des problèmes rencontrés dans ce domaine.

Quel que soit l'emplacement de votre chambre, orientez le lit vers une direction favorable et, quand c'est possible, en lien avec votre besoin.

- Vous souhaitez un bien-être général dans votre vie ? Orientez votre tête de lit vers la direction « harmonie et stabilité ».

- Vous souhaitez que vos petits problèmes de santé se stabilisent ? Orientez votre tête de lit vers la direction « santé ».

- Vous souhaitez un coup de pouce pour votre vie amoureuse ? Orientez votre tête de lit vers la direction « amour et entente ».

Veillez également à l'ambiance de votre chambre. Si vous êtes une femme et que votre chambre est 100 % fille, des tons un peu masculins aideront l'homme à trouver sa place.
À l'inverse, une chambre trop masculine aura besoin de quelques couleurs douces pour qu'une femme s'y sente accueillie.

La chambre d'Hugo

Chercher à bien s'orienter peut parfois nous amener à faire preuve d'ouverture et de créativité ! Regardez le croquis de la chambre d'Hugo (ci-contre). Son lit est bien placé par rapport à la circulation du qi, aux prises électriques (pour brancher facilement lampe de chevet et réveil) et à la porte de la salle de bains ; et pourtant, il ne dort pas bien.

Hugo est du groupe Est ; son chiffre *gua* est le 3.

Après vérification à l'aide d'une boussole, il constate que son lit est orienté plein ouest, direction la plus défavorable pour lui (« échec »).

Pour Hugo, il est indispensable de recréer un espace confortable et sécurisant ; il a besoin de stabilité, d'harmonie. Il doit déplacer son lit sur le mur d'en face afin de s'orienter plein est (« harmonie »).

Pas évident, vous direz-vous à juste titre : en effet, placer le lit entre la porte et la fenêtre n'est vraiment pas un agencement recommandé en feng shui (cela le positionnerait dans un flux trop rapide du qi, situation qui n'est pas propice au repos).

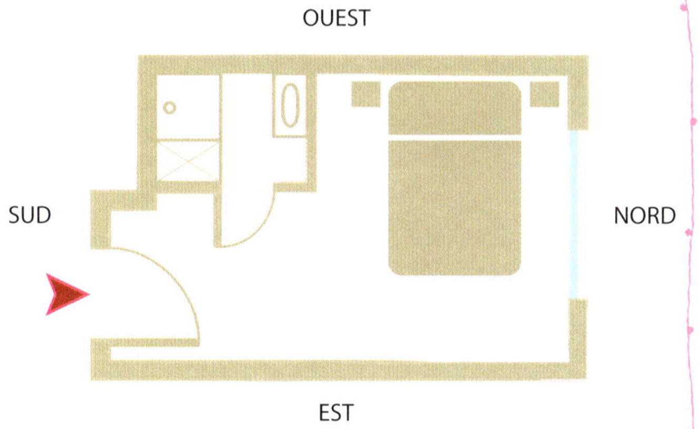

palais	direction
réussite	sud
santé	nord
amour	sud-est
harmonie	est
petits tracas	sud-ouest
problèmes	nord-ouest
violence	nord-est
échec	ouest

Que peut-on lui conseiller ?

Les solutions sont parfois simples et peu coûteuses. Il suffirait par exemple d'installer une tringle avec un rideau, qui permettrait, d'une part, de freiner le qi et, d'autre part, de le protéger de l'ouverture sur la salle de bains. Le rideau doit être assez léger (un voilage en fibre naturelle par exemple), afin qu'Hugo ne se sente pas enfermé tout en conservant une vue sur la porte (ce qui apporte toujours un sentiment de sécurité). Voici donc une proposition du nouvel agencement de la chambre d'Hugo :

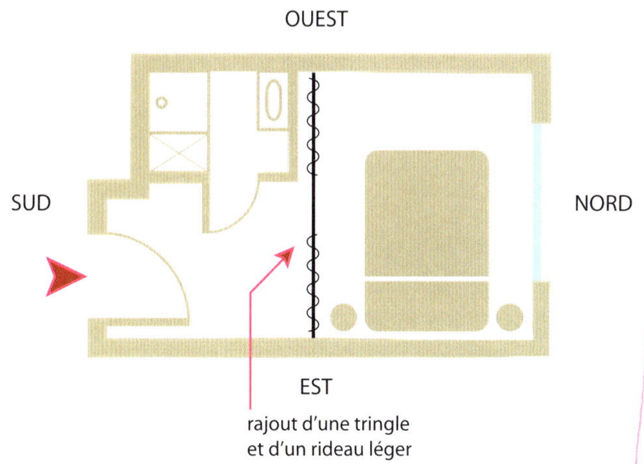

La chambre de l'ado

Luc est un adolescent de seize ans : autant dire que le feng shui et lui, ça fait deux ! « Pas question de toucher à ma chambre ! »

Sa demande est bien légitime, son espace doit absolument être respecté. Alors tant pis, vous direz-vous, pour les affaires qui ne sont jamais rangées, la difficulté à faire le ménage, l'accumulation d'objets, l'ordinateur que vous savez maintenant être mal placé, mal orienté... ?

Et si, au lieu de baisser les bras, vous lui proposiez un changement de cap, en l'invitant à tenter l'expérience !

Expliquez-lui votre démarche, dites-lui que vous avez besoin de son aide, indiquez-lui ses meilleures orientations et proposez-lui de les tester pendant une durée limitée dans le temps. Laissez-le choisir son nouvel aménagement et donnez-lui rendez-vous pour faire le bilan, un mois plus tard par exemple.

Trop de poussière tue le *qi* !

Le ménage est un geste essentiel pour conserver un bon qi. En effet, la poussière freine sa circulation et sa vitalité s'en trouve diminuée.

Pour analyser la chambre de votre ado, référez-vous au cahier pratique (page 26).

Les chambres d'enfant

L'enfant unique

L'aménagement de la chambre d'un jeune enfant, généralement initié par les parents, est de ce fait plus simple à concrétiser que celui d'un adolescent.

Lorsque c'est possible, choisissez de l'installer dans un palais favorable pour lui. Évitez les palais défavorables, à l'exception du palais « petits tracas », qui reste acceptable sans être idéal.

Si plusieurs options sont possibles, choisissez le palais en fonction de ses besoins principaux. Par exemple, la pièce qui correspond au palais « harmonie et stabilité » va soutenir son bien-être général (palais de vie). Quel que soit l'emplacement de sa chambre, orientez son lit vers une direction favorable et, quand c'est possible, en lien avec ses principaux besoins.

Il est par ailleurs essentiel que l'enfant se sente en confiance dans sa chambre. Pour cela, le bon positionnement du lit est important : non seulement il doit être placé dans une orientation favorable, mais il doit aussi lui permettre de voir sa porte en étant couché. Le fait de ne pas distinguer du premier coup d'œil les personnes pénétrant dans sa chambre le mettrait dans une position d'insécurité qui favoriserait les cauchemars ou le pousserait à vous appeler souvent au cours de la nuit pour être rassuré.

Pour cela, il peut être nécessaire d'installer le lit autrement, parfois même de travers ou dans l'angle d'un mur si vous n'avez pas le choix : prévoyez alors une tête de lit pour qu'il n'ait pas la tête « dans le vide », ce qui créerait un sentiment d'insécurité.

Pour analyser la chambre de vos enfants, référez-vous au cahier pratique (pages 32, 35 et 38).

La nouvelle chambre de Mélodie

Que conseiller aux parents de Mélodie, qui vont bientôt déménager et qui cherchent à bien installer leur fille dans sa nouvelle chambre ?

Mélodie a neuf ans : elle est partagée entre l'excitation d'occuper bientôt une chambre plus spacieuse, de découvrir un nouveau lieu..., et l'inquiétude qu'elle ressent à l'idée de quitter son petit nid.

Ses parents désirent que sa nouvelle chambre puisse lui procurer avant tout un sentiment de bien-être et de sécurité.

Mélodie est du groupe Ouest et son chiffre *gua* est le 2.

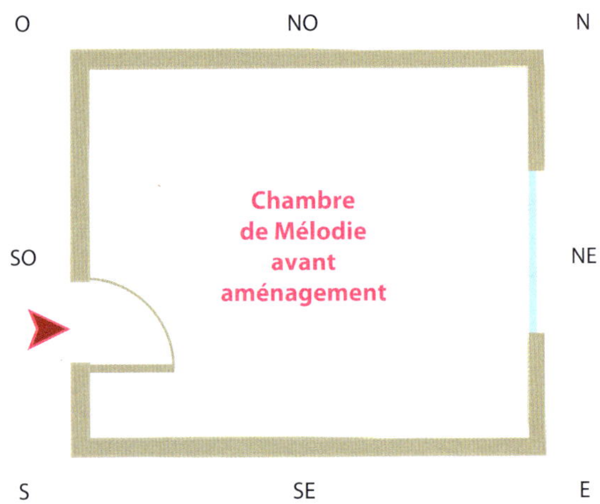

	Mélodie
réussite	nord-est
santé	ouest
amour	nord-ouest
harmonie	sud-ouest
petits tracas	est
problèmes	sud-est
violence	sud
échec	nord

Bien placer le lit

En observant le plan de sa chambre, on repère rapidement deux emplacements possibles pour installer son lit : contre le mur S-O ou contre le mur N-O. Le mur N-E n'est pas envisageable, car il comprend une fenêtre, et le mur S-E la placerait entre la porte et la fenêtre.

Contre le mur S-O : ce choix présente l'avantage de l'orienter vers sa direction « harmonie », mais ne lui permet pas de voir correctement la porte. Cette option ne lui apporterait donc pas le sentiment de sécurité souhaité par ses parents.

Contre le mur N-O : cet emplacement est tout indiqué pour Mélodie. Il l'oriente dans une direction favorable (celle de l'amour), lui permet de « maîtriser » son lieu par une vue dégagée à la fois sur sa fenêtre et sur sa porte, et ne la place pas dans un flux d'énergie trop fort qui ne serait pas en accord avec la fonction « sommeil » de la pièce.

Bien placer le bureau

La place du bureau est le deuxième élément à prendre en considération dans la chambre de Mélodie.

Afin de respecter la distinction entre l'espace repos (yin) et l'espace plus yang du bureau, ce dernier est installé de préférence face au lit plutôt qu'à côté de celui-ci. Il est positionné en angle vers l'ouest, direction favorable à la santé de Mélodie.
Ce choix d'aménagement présente aussi l'avantage de la placer près de la fenêtre et de bénéficier de la lumière naturelle. Enfin, la vue dont elle dispose sur la porte et sur la fenêtre ne peut que renforcer son sentiment de sécurité.

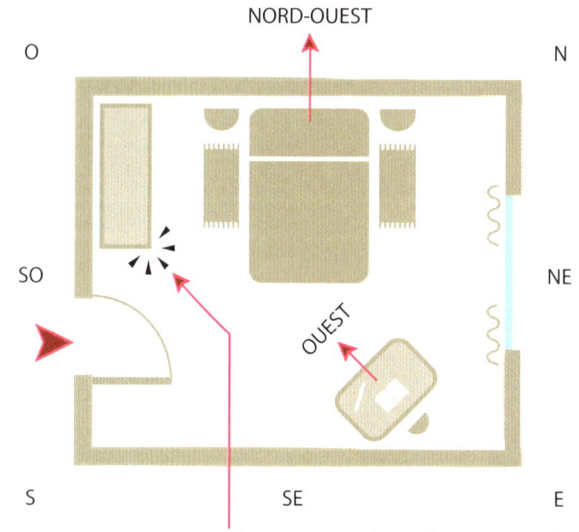

placer sur cet angle une baguette arrondie ou une guirlande lunimeuse afin que Mélodie ne soit pas agressée par cet angle lorsqu'elle travaillera à son bureau.

La chambre partagée par plusieurs enfants

Pour certains frères et sœurs, partager une chambre peut être un plaisir, et pour d'autres, au contraire, un vrai cauchemar ! Quoi qu'il en soit, il est impératif de créer un espace pour chacun. Même si l'espace est réduit, cela reste possible grâce à une bonne dose d'ingéniosité, en tenant compte le plus possible des besoins des goûts de chacun.

Pour Delphine et Charlotte, ce n'est pas très difficile ; elles aiment les mêmes couleurs et veulent dormir l'une près de l'autre. La chambre sera donc organisée afin de définir deux espaces : le coin « sommeil », et le coin « jeux » et/ou « travail ».

Pour Pierre et Jules, qui ne sont jamais d'accord, aménager une chambre est en revanche un vrai challenge ! Séparer la chambre afin que chacun puisse avoir son propre espace apparaît comme une mesure indispensable. Il est alors possible d'installer, en guise de séparation, une bibliothèque à mi-hauteur, un rideau à tirer le soir... Chacun pourra ensuite faire, dans son espace, ses propres choix. Par exemple, accrocher un poster ou peindre un mur d'une couleur plutôt *yin* sur le mur de la tête de lit, et plutôt *yang* dans l'espace du bureau ou le coin « jeux ».

Par ailleurs, comme pour le cas d'un enfant seul, la position du lit est essentielle : il doit être orienté dans une bonne direction pour chaque enfant et leur permettre d'avoir une vue sur la porte d'entrée de la chambre (pour les mêmes raisons que celles évoquées ci-dessus). Si ce n'est pas possible, privilégiez celui qui est le plus sujet aux terreurs nocturnes.

Les lits gigognes sont un bon moyen pour accueillir deux enfants dans un petit espace. En revanche, les lits superposés sont à proscrire, même s'ils sont pratiques : l'enfant du bas se trouve « comprimé » par le lit du haut, tandis que celui qui dort en haut subit la contrainte du plafond. Ce genre de couchage est acceptable sur une courte période (comme des vacances), mais problématique lorsqu'il est amené à durer dans le temps.

GROWTH
CHART

La chambre d'un bébé

On commet parfois l'erreur d'installer cette chambre dans une petite pièce biscornue ou même mansardée (sous prétexte que Bébé est petit et qu'il ne s'en rendra pas compte !). Pourtant, ce type d'architecture comprime le *qi* et l'empêche de circuler correctement. Cette situation nuit à sa qualité et engendre des problèmes de sommeil. Cela ne peut qu'accentuer l'agitation d'un nourrisson qui passe la plupart de son temps à dormir.

Évitez aussi d'entreposer dans la pièce tout un tas de choses qui ne trouvent pas leur place ailleurs : une chambre encombrée ne favorise pas un bon repos. Aménager la chambre d'un bébé, c'est avant tout réfléchir à une ambiance protectrice et douce. Choisissez pour cela des couleurs pastels et mates pour les murs, un tapis moelleux, des lumières tamisées, des matières douces pour les rideaux comme le velours, le coton, la soie lavée...

C'est aussi être très attentif à l'orientation de son berceau puisqu'il va passer la plupart de son temps à dormir. Proche encore de ses instincts, il est très réceptif au flux qu'il reçoit en dormant. La meilleure orientation pour calmer son agitation et favoriser son endormissement est celle qui correspond à son « harmonie ».

Il est facile de déplacer un berceau ou un lit de Bébé afin de bien l'orienter, même si vous devez pour cela le placer en biais dans la pièce. Sachez que la forme du berceau et/ou la présence d'un tour de lit offre une protection suffisante au niveau de sa tête.

Par exemple observez, sur le croquis ci-contre, la chambre de Nino, qui est né le 08/08/2012 et est donc de chiffre *gua* 6. Son harmonie se situe au N-O qui tombe dans un angle.

La chambre de Nino

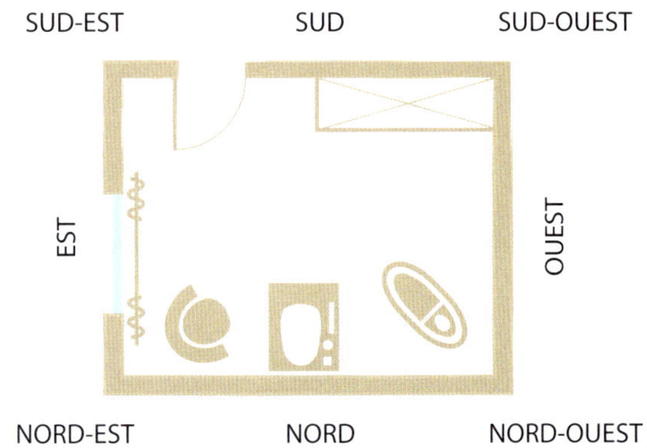

Pour analyser la chambre de votre bébé, référez-vous au cahier pratique (pages 32 et 35).

Le salon et la salle à manger

Le salon, souvent couplé à la salle à manger, est une pièce que nous choyons car nous souhaitons qu'elle soit le reflet de notre personnalité. Il est en accord avec ce que nous voulons exposer aux autres.

En feng shui, le challenge est, pour ces deux espaces, de trouver la clé d'un aménagement à la fois dédié à la détente et aux fêtes ainsi qu'aux rassemblements amicaux ou familiaux.

Le salon idéal

Elle doit être la plus proche possible du carré.
Rappelons-nous qu'en feng shui, « notre lieu de vie est considéré comme un microcosme dont rien ne doit dépasser. Pour cela, il faut contenir ce mini-univers dans la forme qui symbolise l'équilibre : le carré ou le rectangle, sa forme la plus proche. »
À moins de se lancer dans de grands travaux (ce qui est rarement possible !), il n'y a pas grand-chose à faire si la pièce n'est pas carrée. Néanmoins, ce constat peut, dans certains cas, constituer un élément de réponse face à un mal-être, par exemple lorsque la pièce est biscornue.

Le salon est une pièce qui peut être placée au centre de la maison, car c'est un lieu de rencontre et d'échange.

Le salon

Le salon est le lieu de rencontre de la maison. La famille s'y retrouve, bien sûr, mais c'est aussi là que l'on reçoit toutes les personnes invitées ou de passage. L'accueil et la convivialité sont les maîtres mots pour cette pièce, et l'agencement des meubles doit inciter à cette fonction.

On a tendance à y accumuler un peu tout et n'importe quoi : cadeaux reçus (qui nous plaisent plus ou moins), souvenirs de vacances, magazines, photos de toute la famille... La surabondance d'objets crée un désordre freinant la circulation du qi, tandis que la poussière qui généralement l'accompagne (le ménage est moins aisé dans une pièce surchargée) le fait stagner, empêchant sa fluidité.

L'agencement

Le *qi* ne possède pas les mêmes caractéristiques d'une pièce à l'autre. C'est pour cette raison qu'il est recommandé, en feng shui, de séparer le salon de la cuisine.

Comme nous l'avons évoqué en parlant de la Tortue dans la configuration du nid du Dragon (*voir page 28*), placer son canapé contre un mur ou contre un meuble revient à rechercher une protection, de la stabilité, la maîtrise de son espace, tout ceci contribuant à se sentir en sécurité et détendu. Pour les mêmes raisons, il est préférable que le canapé ne tourne pas le dos à la porte.

Évitez également de le placer sous une mezzanine : le *qi* circulant dans un espace réduit, sera ressenti comme empreint d'une certaine lourdeur par les habitants.

Pour analyser votre salon-salle à manger, référez-vous au cahier pratique (pages 42 et 48).

« Oh, mon beau miroir, es-tu bien placé ? »
Oui, si je ne fais pas face à la baie vitrée.

La décoration

Pour contribuer à votre confort, privilégiez les canapés douillets et des fauteuils confortables. Regroupés autour d'une table basse ou près d'une cheminée, ils offriront au *qi* un endroit pour s'accumuler.

Des formes arrondies pour le mobilier sont toujours préférables aux meubles possédant des angles saillants, qui rendent le *qi* agressif (*voir page 20*).

Prévoyez un très bon éclairage, c'est-à-dire suffisant et offrant une lumière agréable, pour assurer à la pièce une ambiance majoritairement *yang*. Veillez toutefois à ce qu'il soit modulable pour les soirées plus calmes où l'on recherche davantage de *yin*.

Enfin, la fonction *yang* de la pièce permet de choisir, pour certains murs, des couleurs vives, comme celles qui sont indiquées dans le nuancier des couleurs *yang* (*voir page 23*).

En fonction du chiffre gua

Le salon doit se situer dans un palais qui soit favorable aux maîtres de maison (les parents ou l'adulte seul (*voir page 57*).

Un juste équilibre du *yin* et du *yang*

• L'espace salon

Si l'on considère le temps passé dans chacune des pièces de la maison, le salon arrive juste après la chambre car c'est un lieu important pour se retrouver, échanger et se détendre.

Du fait de ses fonctions multiples, c'est la pièce idéale pour mettre en pratique ce que vous connaissez maintenant du célèbre couple *yin* et *yang* (*voir page 22*), et essayer d'obtenir un juste équilibre entre les deux.

Pour cela, vous pouvez jouer à la fois sur les couleurs, en introduisant sur certains pans de murs de la pièce des couleurs plus vives. Apportez du *yin* par des étoffes, comme des velours, des lins, des lainages..., et du *yang* par un mobilier laqué ou verni. Ne négligez pas l'éclairage, avec lequel il est facile de jouer pour obtenir des ambiances plus ou moins tamisées.

De même, en associant un mobilier massif par endroits (*yin*) et des meubles plus aériens à d'autres (*yang*), vous créerez, grâce à l'alternance de pleins et de vides, l'harmonie recherchée..
Les agencements de grands séjours présentés dans les magazines utilisent souvent le canapé pour séparer deux espaces. Ce choix d'aménagement, s'il présente l'avantage de créer une sorte de « poche » propice à l'accumulation du *qi*, peut aussi le bloquer en coupant trop la pièce.

Cette configuration possède aussi l'inconvénient d'empêcher une détente pleine et entière, à cause du vide que l'on ressent alors derrière soi. Et cela d'autant plus si le canapé fait dos à la porte : la personne assise ne peut pas voir les personnes qui entrent dans la pièce. Il est donc préférable de placer les assises face à la porte et contre un mur, ou d'installer, derrière, un meuble un peu plus haut.

Vous hésitez entre plusieurs choix d'aménagement ? N'oubliez pas que cette pièce vous offre une belle opportunité de privilégier vos directions favorables. Rester plusieurs heures à bouquiner ou à regarder la télévision dans un canapé ou un fauteuil bien orienté, permet d'emmagasiner un soutien supplémentaire bénéfique, soit à votre réussite, santé, entente ou harmonie.

• L'espace salle à manger

Il trouvera quant à lui un bon équilibre *yin/yang* avec une table marquant une ligne horizontale accompagnée d'un meuble aux lignes verticales (un buffet par exemple).
Si vous n'avez pas la place pour un tel meuble, peut-être pouvez-vous ajouter sur votre table un haut vase, ou bien accrocher au mur un tableau vertical, ou encore disposer à terre une grande plante...

Vous avez l'habitude de vous placer toujours au même endroit ?
Pensez à vérifier, à l'aide de votre boussole, si vous êtes bien orienté vers l'une de vos directions favorables quand vous êtes assis dans votre fauteuil ou bien sur votre chaise autour de la table.

La salle à manger idéale

La forme de la pièce

Elle doit être la plus proche possible du carré.

L'emplacement dans l'appartement ou la maison

Comme le salon, la salle à manger doit se situer dans un palais favorable aux habitants.

Pour le côté pratique, une salle à manger située entre la cuisine et le salon facilitera les déplacements.

La décoration

Prendre soin de nous, c'est aussi, au-delà de la qualité des mets cuisinés, regarder dans quelles conditions nous prenons nos repas. C'est pourquoi on va rechercher, dans cet espace associé à notre santé, une ambiance saine et apaisante.

Parmi les matériaux naturels, le bois apportera plus de chaleur que le métal ou le verre, qui renvoient une sensation de froid.

Adoptez un très bon éclairage, sans hésiter certains soirs à le remplacer par des bougies pour une ambiance plus romantique.
Enfin, osez quelques aplats de couleurs gaies pour mettre en appétit.

Veillez aussi à ce que la table ne devienne pas l'endroit où l'on dépose tout ce qu'on met en attente de rangement... Vous vous reconnaissez ? Alors triez, rangez, changez vos habitudes !

Cette pièce doit être un endroit de plaisir pour se réunir et partager un repas dans la joie et la bonne humeur. Pour les mêmes raisons que le salon, la salle à manger doit être ordonnée, sans trop de bibelots.

En Chine, les repas s'effectuent autour d'une table ronde équipée en son centre d'un plateau qui permet à tous les convives d'atteindre facilement n'importe quel mets. Pour les Chinois, se nourrir n'est pas seulement un besoin vital, mais un réel plaisir, de sorte qu'ils aiment goûter à tout, sans précipitation.

Sous nos latitudes, le choix de la table s'effectuera surtout en fonction de l'espace que l'on peut y consacrer, et celui des chaises en fonction de leur confort, afin que la détente soit aussi au rendez-vous.

De nos jours, la salle à manger est encore parfois une pièce à part réservée à cet usage, mais elle est le plus souvent installée dans une partie du séjour, voire de la cuisine. Le plus important n'est pas tant l'espace que l'on peut y consacrer, mais la capacité à en faire un endroit bien identifié, pratique et convivial.

Certains éléments de décoration peuvent vous aider à matérialiser votre coin repas : glisser un tapis sous la table pour délimiter l'espace, ajouter un éclairage spécifique (au-dessus de la table ou juste à côté), quelques plantes ou une console pour servir de séparation....

L'ART ABSTRAIT

La cuisine

La cuisine est l'un des endroits importants du déroulement de la vie familiale. On y prépare les repas, la plupart du temps on y mange, parfois les enfants y font leurs devoirs. Très fréquentée, elle doit refléter à la fois cette fonction nourricière et le fait qu'elle est lieu de réunion.

Côté feng shui, cette pièce est associée à la santé puisqu'elle est en lien avec l'alimentation, action nécessaire à la vie. Le *qi* doit y être fluide et harmonieux pour permettre une bonne assimilation des aliments.
La cuisine étant l'endroit où l'on cuit, réchauffe et grille les aliments, on dit que c'est là que se déclenche le feu. Les règles indiquées ci-après sont à respecter pour « dompter » cet élément difficilement contrôlable.

La cuisine idéale

Elle doit être plus proche possible du carré.

Pour contribuer à séparer les différentes natures de *qi*, il est recommandé de placer la cuisine le plus loin possible de la chambre.

Elle ne doit pas non plus donner sur les toilettes ou la salle de bains.

Pour analyser votre cuisine, référez-vous au cahier pratique (page 54).

L'agencement et la décoration

Dans l'idéal, il faut éloigner l'évier de la cuisinière et veiller à ce qu'ils ne soient pas directement en face l'un de l'autre (*voir colonne ci-contre*).

La cuisine est un espace qui demande un nettoyage quotidien, afin de préserver un environnement sain. Le choix des matériaux permet, le cas échéant, de remédier aux taches de gras et aux diverses projections occasionnées par la cuisson ; ainsi l'inox, le carrelage, les surfaces en bois avec finitions (comme le vernis ou la lasure) sont pratiques et faciles à laver. Investissez dans une bonne hotte qui dissipera rapidement les odeurs et aidera au renouvellement de l'air afin de ne pas affecter le *qi*.

En ce qui concerne la couleur, n'hésitez pas à vous faire plaisir, tout en respectant majoritairement la gamme des tons en accord avec le secteur où se trouve cette pièce. Par exemple, si votre cuisine se situe dans le secteur nord-ouest, le gris (très tendance de nos jours) aura parfaitement sa place !

En fonction du chiffre *gua*

Le feng shui préconise de placer la cuisine dans un mauvais palais et de diriger la « bouche du feu », c'est-à-dire le four, vers une de vos bonnes directions : en effet, les aliments cuisinés s'imprègnent de la qualité du *qi* donnée par l'orientation de l'élément de cuisson.

« Oh mon beau miroir ! »
Si la porte de la cuisine se trouve dans votre dos lorsque vous cuisinez, compensez ce manque de visibilité en installant un miroir au-dessus de votre cuisinière, en guise de crédence.

L'eau et le feu : deux éléments qui s'affrontent

Dans une cuisine, les choix d'aménagement s'avèrent souvent limités, car tributaires de l'emplacement des prises et des évacuations d'eau, qu'il est difficile de modifier.
Par ailleurs, les configurations habituellement proposées placent souvent l'eau à côté du feu ; or, ce sont deux éléments qui s'affrontent.
Pour rééquilibrer cette situation, il est nécessaire de temporiser en ajoutant l'élément qui les relie et les stabilise : le bois. Ainsi, dans le cas où l'évier est placé à côté de la cuisinière, et si l'espace le permet, il est recommandé de séparer les éléments bas par une épaisse planche de bois. Si cela n'est pas possible, installez des plantes (qui appartiennent aussi à l'élément bois) entre les deux.

Pour la même raison, ces deux éléments ne doivent pas non plus se faire face directement.
N'oubliez pas de vérifier également l'emplacement du four à micro-ondes (associé à l'élément feu), qui est lui souvent plus facile à déplacer.

Sont associés à l'élément eau

- L'évier
- Le lave-vaisselle
- Le lave-linge
- Le réfrigérateur

Sont associés à l'élément feu

- Le four
- Les plaques de cuisson
- Le four à micro-ondes

La salle de bains

La salle de bains a acquis, ces dernières années, beaucoup d'importance dans la maison. Elle est directement rattachée au bien-être : on y prend du temps pour soi, on s'y détend en s'occupant de son corps.

Les livres de sagesse chinoise soulignent le respect que l'on doit avoir pour son corps, l'importance qu'il y a à l'entretenir par des exercices, des massages, qui stimuleront la circulation énergétique. L'harmonie de l'être dans son ensemble découle du lien qui unit l'esprit et le corps, et l'équilibre intérieur dépend aussi de l'attention que nous portons à ce dernier.

La salle de bains idéale

Contrairement aux autres pièces de la maison, la forme de la salle de bains n'a pas d'importance.

La salle de bains ne doit pas être placée au centre de la maison, en son « cœur », car à cet endroit précisément, le *qi* doit pouvoir respirer. Il doit être préservé et non évacué par les conduits d'eau.

Sa porte ne doit pas faire face à la porte d'entrée : cette configuration attirerait vers la salle de bains une grande partie du *qi* avant même qu'il puisse circuler dans le reste de la maison (*voir page 18*).

La salle de bains doit être séparée de la chambre, pour ne pas nuire à la qualité et à la quantité du *qi* présent dans cet espace de repos.

Elle doit être éloignée de la cuisine afin de dissocier ces deux natures différentes de *qi*.

Pour analyser votre salle de bains, référez-vous au cahier pratique (page 59).

L'agencement

Évitez de placer votre tête de lit contre la cloison donnant sur la salle de bains, car les tuyaux où passe l'eau pourraient perturber votre sommeil.

Investissez dans un bon système de ventilation afin que l'humidité soit évacuée efficacement.

La décoration

Certains livres faisant référence à un feng shui plus « *new age* » que « classique » avancent beaucoup d'interdits dans ce lieu en termes de décoration. On peut y lire, par exemple, que la salle de bains ne doit pas être peinte en bleu (pour éviter d'aggraver le phénomène drainant de l'eau), ou au contraire précisément dans cette couleur (pour ne pas générer un conflit d'élément). En réalité, tout type d'agencement est possible dans cette pièce !

Pour les couleurs, le bleu apaise, le vert aide à lutter contre le stress, le blanc évoque la pureté… faites selon vos envies et possibilités !

Concernant les matériaux de cet espace associé à notre santé, il convient de privilégier toujours des matériaux sains et proches de la nature comme la pierre ou le bois, en choisissant des finitions faciles à nettoyer.

En fonction du chiffre *gua*

La salle de bains correspond à une pièce qui provoque une perte de *qi* : il est donc recommandé de placer cette dernière dans un mauvais palais (*voir colonne ci-contre*). Si nous prenons l'exemple du palais défavorable concernant l'échec, situé au sud-est pour la personne de chiffre *gua* 8, cette option va permettre en effet de drainer cette énergie négative pour cette personne. Ainsi positionnée, la salle de bains devient un atout pour la personne.

La salle de bains est de plus en plus souvent intégrée à la chambre : or cette disposition va à l'encontre des principes du feng shui. Aussi agréable soit-elle, cette pièce provoque une perte de *qi* (celui-ci a tendance à s'échapper par les canalisations sans se diffuser suffisamment dans la chambre). C'est pourquoi il est préconisé, lors de la répartition des pièces, de placer les pièces d'eau dans un palais qui ne nous est pas favorable.

« Oh mon beau miroir ! »
Aucune contrainte dans cette pièce : les miroirs, quels que soient leur nombre, leur taille, leur emplacement, sont les bienvenus !

Aïe, ma salle de bains est dans ma chambre !

Pour remédier à ce problème, inspirez-vous des recommandations suivantes.

• Cas n° 1 : la salle de bains est dans une pièce à part, mais son accès donne dans ma chambre.

Évitez de placer votre lit face à l'accès de la salle de bains afin de préserver le qi de votre chambre.

Si la salle de bains possède une porte, veillez à la fermer, surtout le soir avant de vous coucher, afin de préserver le qi de votre chambre.
Si elle n'en possède pas, installez au minimum un rideau pour fermer l'espace.

• Cas n° 2 : ma chambre est seulement séparée de la salle de bains par une cloison ou un muret, sans porte.

Essayez d'ajouter des éléments pour augmenter la surface cloisonnée entre les deux pièces.
Si vous appréciez la luminosité que cela procure à la salle de bains, vous pouvez refermer l'espace avec des pavés de verre et une porte coulissante en verre dépoli. Vous pouvez aussi combler l'espace au-dessus du muret en y créant des étagères ou une bibliothèque peu profonde.

• Cas n° 3 : je n'ai aucune séparation réelle entre ma chambre et ma salle de bains.
Ce dernier cas est le plus complexe, car il nécessite l'installation d'une cloison. Si cette option n'est pas envisageable, installez des rails au plafond et au sol pour y faire coulisser des panneaux, ou encore un câble où vous accrocherez un rideau qui séparera les deux espaces au moment du coucher.

Un joli paravent peut également faire fonction de cloison, tout en apportant un effet décoratif intéressant.

Les toilettes

Cet endroit, au même titre que la salle de bains, agit comme s'il drainait le *qi*. C'est pourquoi il est préférable de ne pas disposer les deux dans la même pièce afin de ne pas accroître le phénomène !
Les réflexes simples à avoir sont de fermer systématiquement le couvercle des toilettes, pour des raisons d'hygiène et pour ne pas laisser le *qi* s'échapper par la cuvette. Il est également reconmmandé de fermer la porte systématiquement.

Pour les mêmes raisons que celles évoquées dans la salle de bains, les toilettes ne doivent pas se retrouver au centre de la maison, ni face à la porte d'entrée. Au-delà de l'aspect pratique d'avoir des toilettes séparées de la salle de bains, cette configuration permet de mieux répartir le phénomène de déperdition du *qi* de ces deux pièces.

Celles-ci doivent par ailleurs être éloignées de la cuisine, ainsi que du salon et de la salle à manger pour être utilisées sans gêne.

Comme pour la salle de bains, vous pouvez vous faire plaisir et essayer des accords inattendus !

Placez les toilettes dans un mauvais palais.

Conclusion

Vous êtes désormais en mesure de comprendre le lien qui existe entre ce que vous vivez et votre habitation. Cette prise de conscience fait suite à l'observation et à l'analyse de votre maison (ou appartement), grâce aux connaissances que vous avez acquises au fil des pages de ce livre et grâce aux annotations personnelles que vous avez inscrites dans le cahier pratique. L'adhésion à cette démarche est ainsi une nouvelle impulsion qui vous permettra de prendre en charge différemment votre espace de vie, afin de vous le rendre personnellement favorable.

Mais examiner les aspects positifs et négatifs de votre intérieur ne suffit pas ; c'est la mise en pratique des nouveaux aménagements préconisés qui favorise le rééquilibrage de votre lieu de vie, et vous donne les clés du bien-être auquel vous aspirez.

Une dernière précision ; peut-être vous dira-t-on : « C'est drôle, ta maison n'a pas l'air feng shui ! ». Répondez dans ce cas que si elle est scrupuleusement respectée, cette discipline peut être indétectable au premier abord, mais que ses effets « cachés » se feront sentir sur ses habitants. Et c'est ce que, modestement, cette pratique ancestrale cherche, à apporter à tous...

Un projet né...

d'une belle rencontre entre deux femmes passionnées de feng shui...

Armelle Vannier, consultante en feng shui et en bilan de compétences, accompagne les personnes dans leur recherche de mieux-être personnel et professionnel.

Laurence Carroy, consultante en aménagement d'espace, utilise les principes du feng shui et la décoration d'intérieur afin d'harmoniser les lieux avec leurs habitants.

d'une même envie...

Celle de partager leurs connaissances et leur expérience, de transmettre un feng shui axé sur la personnalisation, de proposer un ouvrage de qualité qui tenterait, avec des mots simples tout en maintenant une éthique envers cette discipline, d'expliquer le rapport énergétique qui existe entre la maison et ses occupants.

Conscientes que l'apprentissage complet de toutes les techniques du feng shui demande des années d'études, elles ont fait le choix de n'en développer qu'une partie en privilégiant les fondements et les principes qui sont les piliers de la discipline, ainsi que la méthode, accessible, des « huit palais ».

Armelle Vannier

www.regardfengshui.com

Laurence Carroy

www.vent-et-o.com

Remerciements

Nous remercions toutes les personnes qui nous ont permis de réaliser ce livre, en particulier :

Franck Schmitt, pour sa générosité, sa confiance, son amitié ;

Agnès Busière, pour ses conseils précieux, son dynamisme communicatif et sa patience.

Un grand merci à toute l'équipe éditoriale de Fleurus pour le travail effectué, dont Armelle Riva pour ses belles idées créatives qui nous ont immédiatement séduites, et Astrid Guillo qui a su si bien les mettre en pages.

Merci à Morgane Talbotier pour son aide efficace.

Et puis...

à Stephan, Julien, Chloé,

Maxime, Alexandre, Louis et leurs grands-parents,

pour leur soutien et leur patience.

Sans oublier ces belles rencontres qui ont su nous ouvrir à cet art et nous faire cheminer vers une vision plus authentique du feng shui.

Crédits photographiques

Pages 7, 9, 11, 13, 14 : © iStockphoto/Thinkstock. **Page 19 :** © Maree Homer/ACP Syndication/Orédia. **Page 20 :** © Goodshoot/Thinkstock. **Page 21 :** © Martin Desjardins/Orédia. **Pages 22, 24 :** © iStockphoto/Thinkstock. **Page 25 :** © Andreas von Einsiedel Interiors/Orédia. **Page 27** : © Stockbyte/Thinkstock. **Page 28 :** © iStockphoto/Thinkstock.**Pages 29, 30 :** © iStockphoto/Thinkstock. **Pages 33, 34, 35 :** © Franck Schmitt. **Page 39 :** © iStockphoto/Thinkstock. **Page 40 :** © Juicy Images/Orédia. **Page 41** : © iStockphoto/Thinkstock. **Page 42 :** © Wee Michael/ACP Syndication/Orédia. **Page 46 :** © iStockphoto/Thinkstock. **Page 61 :** © Maree Homer/ACP Syndication/Orédia. **Pages 62, 63 :** © iStockphoto/Thinkstock. **Page 64** : © Flore Palix/Orédia. **Page 65 :** Hemera/Thinkstock. **Page 67 :** © McDiarmid Niall/Redcover/Orédia. **Page 69 :** Marie-Claire Copyright/Fabrice Besse. Page 70 © Creon/Orédia. **Page 71 :** © iStockphoto/Thinkstock. **Page 73 :** © Juicy Images/Orédia. **Page 74 :** Creatas/Thinkstock. **Page 75 :** © Maree Homer/ACP Syndication/Orédia. **Page 77 :** © Franck Schmitt.**Page 78 :** © Maree Homer/ACP Syndication/Orédia. **Page 80 :** © Chris Warnes/ACP Syndication/Orédia. Page 81 : © Damien Pleming/ACP Syndication/Orédia. **Page 82 :** © Chris Warnes/ACP Syndication/Orédia.**Page 83 :**© Maree Homer/ACP Syndication/Orédia. **Page 85 :** © Chris Warnes/ACP Syndication/Orédia. **Page 87** ©James Geer/ACP Syndication/Orédia. **Page 89 :** © Gallo Images/Camerapress/Orédia.**Page 90 :** © Image Republic/Orédia. **Page 91 :** © Ingram Publishing. **Page 93 :** © Bennett Damian/ACP Syndication/Orédia. **Page 95 :** © Maree Homer/ACP Syndication/Orédia. **Page 97 :** © Andreas von Einsiedel Interiors/Orédia. **Page 98 :** © Kingston Bill/Gap Interiors/Orédia. **Page 99 :** © iStockphoto/Thinkstock. **Page 101 :** © Andreas von Einsiedel Interiors/Orédia. **Page 102 :** © Franck Schmitt/Orédia. **Page 103 :** © iStockphoto/Thinkstock. **Page 105 :** © Maree Homer/ACP Syndication/Orédia. **Page 106 :** © Bruno Warion. **Page 109 :** © iStockphoto/Thinkstock.

Direction éditoriale : Guillaume Pô

Édition : Agnès Busière,
assistée de Morgane Talbotier

Direction de création : Laurent Quellet

Direction artistique
et création graphique : Armelle Riva

Mise en pages : Astrid Guillo

Fabrication : Aurélie Lacombe et Thierry Dubus
Dépôt légal : octobre 2012
ISBN : 978-2-215-11158-0
MDS : 591662
N° d'édition : P12106-01
Achevé d'imprimer en juillet 2012 chez C&C Offset
Printing Co. Ltd (Chine)

www.fleuruseditions.com